A DESOBEDIÊNCIA CIVIL

O livro é a porta que se abre para a realização do homem.

Jair Lot Vieira

H. D. THOREAU

A DESOBEDIÊNCIA CIVIL

Tradução, introdução e notas:
DANIEL MOREIRA MIRANDA
Formado em Letras pela USP e em Direito
pela Universidade Mackenzie

edipro

Copyright da tradução e desta edição © 2016 by Edipro Edições Profissionais Ltda.

Todos os direitos reservados. Nenhuma parte deste livro poderá ser reproduzida ou transmitida de qualquer forma ou por quaisquer meios, eletrônicos ou mecânicos, incluindo fotocópia, gravação ou qualquer sistema de armazenamento e recuperação de informações, sem permissão por escrito do editor.

Grafia conforme o novo Acordo Ortográfico da Língua Portuguesa.

1ª edição, 2ª reimpressão 2022.

Editores: Jair Lot Vieira e Maíra Lot Vieira Micales
Coordenação editorial: Fernanda Godoy Tarcinalli
Produção editorial: Fernanda Rizzo Sanchez
Tradução, introdução e notas: Daniel Moreira Miranda
Revisão: Ricardo Ondir
Editoração eletrônica: Estúdio Design do Livro
Arte da capa: Marcela Badolatto | Studio Mandragora

Dados Internacionais de Catalogação na Publicação (CIP)
(Câmara Brasileira do Livro, SP, Brasil)

Thoreau, Henry David, 1817-1862.
    A desobediência civil / Henry David Thoreau ; tradução, introdução e notas Daniel Moreira Miranda. – São Paulo : Edipro, 2016.

    Título original: Civil disobedience.

    ISBN 978-85-7283-968-6

    1. Desobediência civil 2. Resistência ao governo I. Miranda, Daniel Moreira. II. Título.

16-00527   CDD-322.4

Índices para catálogo sistemático:
1. Desobediência civil : Ciência política : 322.4
2. Movimentos de resistência :
Ciência política : 322.4

EDITORA AFILIADA

edipro

São Paulo: (11) 3107-7050 • Bauru: (14) 3234-4121
www.edipro.com.br • edipro@edipro.com.br
@editoraedipro   @editoraedipro

SUMÁRIO

Cronologia, 7

Introdução, 9

Sobre Thoreau, 29

A desobediência civil, 49

Referências bibliográficas, 77

CRONOLOGIA

1817 Nasce no dia 12 de julho em Concord, Massachusetts e recebe o nome de David Henry Thoreau; mais tarde, ele muda a posição de seu primeiro e segundo nome para Henry David Thoreau.

1828 Inicia seus estudos na *Concord Academy*.

1833 Entra na Faculdade de Harvard.

1837 Forma-se. Começa a dar aulas na Escola de Concord. Pede demissão quando pedem que ele administre castigos físicos. Conhece Emerson e começa a escrever seu *Diário*.

1838-1841 Abre uma escola privada com seu irmão John. Primeiro discurso no Liceu de Concord.

1839 Faz uma viagem de barco nos rios Concord e Merrimack com John, descrita em *A week on the Concord and Merrimack rivers* (Uma semana nos rios Concord e Merrimack). (Há, em português, uma tradução parcial do texto: "Três excertos de *A week on the Concord and Merrimack* rivers" – Tradução de José Augusto Drummond.)

1840 Publica poemas e ensaios na revista transcendentalista *The Dial*.

1841 Passa a viver na residência de Ralph Waldo Emerson como tutor.

1842 Morre seu irmão John, vítima de tétano após cortar o dedo. Publica *Natural History of Massachusetts*.

1843 Trabalha como tutor para a família do irmão de Emerson, William, em Staten Island. São publicados *A walk to Wachusett* e *A winter walk*.

1844 Incendeia parte dos Bosques de Walden com Edward Hoar. Volta para sua cidade e passa a trabalhar na indústria de manufatura de lápis da família.

1845-1847 Constrói uma casa na beira do lago Walden e lá vive.

1846 Primeiro acampamento nos bosques do Maine. É preso em Concord por uma noite depois de se recusar a pagar o imposto de Estrada a um governo que apoiava a escravidão e realizava uma guerra de dominação contra o México.

1848 Publica *Ktaadn* e *The maine woods*.

1847 Deixa o lago Walden e vai novamente morar com a família de Emerson.

1849 Volta para a casa de seu pai. Publica *A week on the Concord and Merrimack rivers* e *A desobediência civil*. Primeira viagem até o Cabo Cod. Morte de sua irmã mais velha, Helen.

1850 Vai novamente para Cabo Cod e depois para Quebec, no Canadá.

1853 Faz a segunda viagem para o Maine.

1854 Publica *Walden, or Life in the woods* (*Walden ou a vida nos bosques* – Tradução de Alexandre Barbosa de Souza). Discurso "Slavery in Massachusetts" (A Escravidão em Massachusetts – Tradução de José Augusto Drummond).

1855 Faz a terceira viagem ao Cabo Cod.

1856 Conhece Walt Whitman em Nova York.

1857 Faz a quarta visita ao Cabo Cod, seguida por sua terceira viagem aos Bosques do Maine. Conhece o abolicionista John Brown, o qual foi enforcado após o ataque (1859) ao arsenal de Harpers Ferry, na Virgínia Ocidental.

1858 Viaja para White Mountains em New Hampshire.

1859 Discurso: "A Plea for Captain John Brown" ("Um apelo em prol do Capitão John Brown" – tradução de José Paulo Paes). Morre seu pai.

1860 Faz seu último acampamento em Monadnock.

1861 Viaja para Minnesota com Horace Mann Jr. por problemas de saúde.

1862 Morre de tuberculose em 6 de maio.

INTRODUÇÃO

Quando perguntado pelo secretário da Associação para o Avanço da Ciência sobre qual área da ciência mais lhe interessava, Thoreau disse que estava sendo obrigado a responder de forma mais empobrecida, pois acreditava que seria alvo de chacotas caso respondesse que se interessava pela ciência que lida com as leis superiores. Ele relata em seu *Diário*, no dia 5 de março de 1853:

> Então fui obrigado a responder o que eles desejavam ouvir e descrever a eles uma parte mais pobre de mim, a qual era a única que eles certamente entenderiam. Na verdade, eu sou um místico, um transcendentalista e, por fim, um filósofo natural. Agora que penso sobre isso, eu deveria ter dito a eles de uma vez por todas que sou um transcendentalista. Esse seria o caminho mais curto para lhes dizer que não entenderiam minhas explicações.

O TRANSCENDENTALISMO DE EMERSON

Emerson não apenas fez Thoreau tornar-se um escritor, mas ainda o lançou para a posteridade ao ser o primeiro a relatar sobre sua carreira e vida.[1]

Ralph Waldo Emerson nasceu em 1803. Seu pai era ministro unitarista liberal. Emerson não foi um grande aluno nem em Harvard, nem

---

1. SATTLEMEYER, Robert. *Thoreau and Emerson.* The Cambridge Companion to Henry David Thoreau, 1995. Ver o texto de Emerson na parte 4.

na escola de teologia (Harvard Divinity School). Ele foi ordenado pela Segunda Igreja Unitária de Boston pouco depois de casar-se com Ellen Tucker, em 1829. Três anos mais tarde, depois de perder a esposa para a tuberculose, deixou a função de pastor; pois, de acordo com ele, algumas questões teológicas incomodavam-no naquele momento, por exemplo, a Eucaristia.

Para recuperar-se de sua crise espiritual, Emerson viajou para a Europa e lá conheceu Coleridge, Wordsworth, John Stuart Mill e Carlyle.[2] Em seguida, voltou para os EUA e mudou-se para a casa que, mais tarde, seria ocupada pelo escritor Nathaniel Hawthorne,[3] a Velha Manse. Ali, ele terminou sua primeira grande obra, *Nature*, e escreveu o *Concord Hymn* com a famosa frase "um tiro ouvido em todo o mundo"[4], que ajudou a dar início à Revolução Americana.

Depois de seu casamento com Lydia Jackson[5], em 1835, ele tornou-se um dos primeiros membros do Clube Transcendental em 1836. Com Lydia (mais tarde, Lidian) teve quatro filhos, enquanto tentava estabelecer um bom salário por meio de aulas e publicações.

Emerson foi poeta, ensaísta e filósofo, tendo surgido em um momento de amadurecimento de sua própria nação; além disso, ele ajudou a definir a identidade dos EUA no século XIX.

Ele e os outros transcendentalistas procuraram reformar o "árido clima intelectual conservador da Harvard daquele tempo"[6]. Emerson iniciou,

---

2. Samuel Taylor Coleridge (1772-1834) e William Wordswoth (1770-1850), escritores que ajudaram a lançar o Romantismo na Literatura da Inglaterra. John Stuart Mill (1806-1873), filósofo e economista britânico, defensor do utilitarismo. Thomas Carlyle (1795-1881), escritor e historiador escocês.
3. Hawthorne (1804-1864), escritor puritano dos EUA.
4. "Shot heard round the world", em inglês, verso de abertura do *Concord Hymn* (Hino a Concord), referência ao primeiro tiro dado no início da Revolução Americana. De acordo com Emerson, esse tiro ocorreu na North Bridge, em sua cidade natal, Concord. A frase de Emerson também foi utilizada depois do assassinato do arquiduque Francisco Fernando, em Saravejo, estopim da Primeira Guerra Mundial.
5. Mais tarde, por sugestão de Emerson, ela mudou seu nome para Lidian Jackson Emerson (1802-1892). Esteve envolvida com as questões sociais de seu tempo: abolicionismo, direito das mulheres, questão indígena e bem-estar dos animais.
6. RICHARDSON, Jr. Robert D. *Emerson: the mind on fire*. p. 245.

em 1840, o periódico *The Dial*[7], ao lado de Bronson Alcott, George Ripley[8] e, como editora, Margaret Fuller[9]. A revista serviu como base para o lançamento das publicações transcendentalistas. Ele assumiu seu papel de "Sábio de Concord" e viveu uma longa vida para os padrões da época. Morreu aos 79 anos, em 1882. Foi enterrado próximo a Hawthorne e Thoreau no cemitério Sleepy Hollow.

As ideias emersonianas têm origem no pensamento europeu clássico e até mesmo em ideias não ocidentais. Ele costuma ser comparado aos grandes sábios Vitorianos da Inglaterra[10]: Carlyle e Ruskin[11]. Suas ideias eram tão revolucionárias e fundamentadas no valor dos indivíduos como a dos vitorianos, mas, ao mesmo tempo, Emerson é originalmente norte-americano por suas definições sobre a Natureza e o *Self*. Suas ideias – abolicionismo, direitos das mulheres, reforma educacional – embora fossem normalmente abstratas, puderam ser interpretadas de forma pragmática pelas pessoas pertencentes a seu grupo.

Emerson não possui um sistema filosófico unificado, mas, na verdade, uma séria de reflexões concatenadas, que produziram uma ampla filosofia transcendental. Ele acreditava em uma divindade pessoal e interna de todos os seres humanos, bem como em uma versão da natureza que nos conectaria a um mundo mais amplo.

O movimento

O Transcendentalismo floresceu no momento em que o Romantismo europeu estava em seu auge. O Romantismo foi uma reação contra o Formalismo Clássico e por sua ênfase nas emoções, na espiritualidade, subjetividade e inspiração. O Transcendentalismo foi uma forma de Romantismo estadunidense.

---

7. A revista foi publicada nos EUA entre 1840 e 1929. Entre 1840 e 1844, era considerado o maior veículo de publicação do movimento transcendentalista.
8. Amos Bronson Alcott (1799-1888), educador estadunidense. George Ripley (1802-1880), reformador social e pastor unitário.
9. Margaret Fuller (1810-1850), jornalista norte-americana defensora dos direitos das mulheres.
10. Para mais informações, ver, dentre outros, o livro de Joel Myerson, *Emerson and Thoreau – The contemporary reviews*.
11. John Ruskin (1819-1900), poeta inglês, desenhista, crítico social e de arte.

O movimento relaciona-se a um grupo de pessoas e às suas ideias individuais. Ele incorporou o desejo de conciliar ciência e racionalidade com religião. Assim, o grupo foi marcado pelo humanismo e pela insatisfação com as religiões estabelecidas. Os indivíduos ligados ao Transcendentalismo uniam as ideias teológicas do Calvinismo e do Unitarismo ao idealismo Platônico: um conjunto de ideias, que deixava muito espaço para as interpretações pessoais.

O período foi marcado pelo florescimento das artes e da literatura nos EUA, que ficou conhecido como Renascença Americana.

O Transcendentalismo foi uma tentativa estadunidense de produzir uma nova filosofia para seu jovem país. O movimento – assim como o Romantismo – opunha-se ao empirismo de John Locke[12] e ao ceticismo de David Hume[13], ou seja, foi uma reação contra o racionalismo. Segundo Locke, as ideias originavam-se a partir da transmissão das sensações à mente que era vista por ele como uma tábula rasa. Ele declara em *Ensaio sobre o Entendimento Humano* (1690), que somente poderíamos entender as ideias vindas de nossa experiência e de sua interação psicológica conosco. A partir do materialismo de John Locke, David Hume dizia que o conhecimento tinha origem em nossos sentidos e que, além disso, deveríamos ser extremamente céticos em relação aos conhecimentos vindos de quaisquer outras fontes. Os transcendentalistas, por sua vez, rejeitando o materialismo desses dois pensadores, preferiam a resposta de Immanuel Kant[14] contra o ceticismo e o materialismo.

O sistema filosófico de Kant tornou-se central como meio para a aparente reconciliação entre o materialismo e o idealismo. Para ele, a experiência dos sentidos revela as coisas como elas parecem ser; já o entendimento revela-as como realmente são. Assim, os fenômenos do mundo material são versões de uma realidade trazida até nós por nossos próprios sentidos. Desse modo, podemos conhecer os *fenômenos* revelados a nós por

---

12. John Locke (1632-1704), filósofo representante do empirismo britânico e teórico do contrato social.
13. David Hume (1711-1776), historiador e filósofo escocês, defensor do empirismo e ceticismo.
14. Immanuel Kant (1724-1804), filósofo alemão. A filosofia transcendental de Kant foi muito importante para o Transcendentalismo. No entanto, a filosofia kantiana foi vista de forma reinterpretada pelos estadunidenses. Emerson diz em seu ensaio *Transcendentalist* que "hoje em dia, tudo que pertence à classe do pensamento intuitivo é popularmente chamado de transcendental".

nossos sentidos, mas não há como conhecermos os aspectos – *noumena* – que estão além da percepção dos sentidos. Para Kant, "**transcendental** é todo conhecimento que não se relaciona aos objetos, mas com as formas de conhecermos os objetos". E alguns conceitos são, então, inatos. Assim, o ser humano deixa de ser apenas o amontoado de sensações proposto por Hume, mas aproxima-se mais da versão kantiana do ser, a mente deixa de ser a tábula rasa lockeana que aguarda as sensações para tornar-se algo.

Além disso, o movimento também foi uma reação contra o Calvinismo da Nova Inglaterra e suas ideias de pecado e danação. Por outro lado, os Estados Unidos nasceram em meio ao idealismo político e, dessa forma, o país buscava produzir um idealismo filosófico compatível com aqueles ideais democráticos.

Suas fontes

De acordo com Frothingham, o "Transcendentalismo propriamente dito foi importado em pacotes estrangeiros"[15]. Assim, dentre as fontes do Transcendentalismo temos o Romantismo inglês (especialmente Coleridge e Wordsworth), a filosofia idealista dos alemães, o Unitarismo e as religiões orientais.

Essa nova forma "transcendental" de ver o mundo apresenta ampla gama de fontes e pensadores que a antecederam. Os escritores do Romantismo inglês, principalmente Coleridge e Wordsworth, foram suas principais fontes, mas também Blake, Shelley e Keats[16], conforme interpretados pelos norte-americanos. Coleridge e Wordsworth escreveram juntos as *Baladas líricas* (*Lyrical ballads*, 1795). Nesses poemas, eles apresentam seus sentimentos pessoais, utilizam uma linguagem que representava mais a forma falada que a escrita e estilizada; além disso, focaram experiências sobrenaturais e comuns. Coleridge apresentou a distinção kantiana entre os conhecimentos obtidos por meio dos sentidos e os adquiridos pela intuição em seus livros *Biographia literaria* (1817) e *Aids to reflection* (1825). O Romantismo também incorporou versões da doutrina platônica, a qual

---

15. FROTHINGHAM, Octavius Brooks. *Transcendentalism in New England*: a history. Nova York: G. P. Putnam's Brothers, 1897. Disponível em: https://archive.org/details/transcendentalis00frot. Acesso em: 18 dez. 2015.
16. William Blake (1757-1827), Percy Bysshe Shelley (1792-1822) e John Keats (1795-1821).

diz que o mundo material é composto por meras aparências, enquanto a realidade é sempre o reino das ideias puras e permanentes.

O idealismo alemão estava ligado ao Romantismo, mas o Transcendentalismo da Nova Inglaterra adicionou seus próprios elementos e suas ênfases. Os filósofos alemães do século XVIII, tais como Fichte e Herder, ofereceram um misticismo naturalista e orgânico. Johann Wolfgang von Goethe, Novalis, Heine[17] e outros poetas do Romantismo alemão utilizavam uma linguagem constituída por imagens fortes. Schiller e Schelling[18], em 1830, enfatizaram a divindade da natureza e o valor das emoções humanas. Poucos norte-americanos sabiam falar alemão e, dessa forma, o conhecimento teutônico chegou aos EUA, em sua maioria, por meio das traduções de Coleridge e Carlyle.

Outro meio de conectar as novas ideias à ortodoxia tradicional foi o misticismo cristão de Jacob Boehme e Emmanuel Swedenborg[19], que eram internacionalmente conhecidos por suas visões. Ambos diziam que a verdade poderia ser intuída direta e imediatamente sem a necessidade de intercessores; sem clérigos, sem rituais e sem textos.

As religiões orientais e os textos tradicionais ofereceram conceitos e formas de pensar que se adaptavam bem ao complexo conjunto de ideias amalgamadas no Transcendentalismo. Emerson estava lendo textos históricos e sagrados da Ásia, a saber, o *Bhagavad Gita*, os *Vedas* e as *Leis de Manu*; textos em que encontrou conceitos como "maya"[20]. Thoreau leu essas obras e relatou sobre sua influência imediata: "Pela manhã eu banho meu intelecto na estupenda e cosmogônica filosofia do *Bhagavad Gita*, cujos versos cobrem milênios de deuses e que, em comparação, nosso mundo moderno e

---

17. Johann Wolfgang von Goethe (1749-1832). Novalis, pseudônimo de Georg Philipp Friedrich Freiherr von Hardenberg (1772-1801). Christian Johann Heinrich Heine (1797-1856) – representantes do Romantismo alemão.
18. Johann Christoph Friedrich von Schiller (1759-1805) e Friedrich Wilhelm Joseph von Schelling (1775-1854) – filósofos do idealismo alemão.
19. Jacob Boehme (1575-1624), filósofo e místico luterano alemão e Emmanuel Swedenborg (1688-1772), teólogo, cientista e místico sueco, mais conhecido por sua obra *Céu e Inferno*, de 1758.
20. Ilusão em sânscrito. Aquilo que não é o que parece. Algo que existe, mas está em constante mudança.

sua literatura parecem insignificantes e triviais"[21]. Emerson e Thoreau dividiram essas ideias com Bronson Alcott e outros. Esses pensadores buscavam por uma verdade mais antiga que o cristianismo.

Idealistas como eram, eles buscavam ideias que transcendessem as experiências sensoriais comuns. Eles também buscavam por verdades intuídas e não demonstradas, verdades que pudessem ser encontradas além das formas estabelecidas.

Em termos de crença religiosa, o "deus" transcendentalista pode ser visto como a Primeira Causa dos deístas, uma força que criou o mundo material e as leis universais, mas que não intervém nas questões humanas. Emerson e Thoreau, assim como seus seguidores, buscavam por um estado mental ou espiritual que transcendesse o mundo físico e empírico.

Kant e os neoplatonistas afirmaram a possibilidade do conhecimento transcendente, mas Emerson acreditava que isso podia ser estendido à moral. Emerson ofereceu assim uma ética confusa – relativa a cada indivíduo – sem a possibilidade do estabelecimento de uma verdade moral única e válida para todos.

Em suma, o Transcendentalismo tem a filosofia transcendental de Immanuel Kant como fundamento; seus proponentes enfatizam o divino na natureza, o valor do indivíduo e das intuições humanas, bem como uma realidade espiritual que "transcende" a experiência dos sentidos, a qual é vista como melhor para a vida dos indivíduos que o raciocínio empírico ou lógico. Por fim, o termo refere-se mais a um conjunto de conceitos estabelecidos por vários indivíduos que a uma filosofia formal.

Impactos

Margaret Fuller – novo ponto de vista sobre as mulheres no século XIX. Seu livro *Women in the nineteenth century* defende a igualdade de direitos para as mulheres.

Walt Whitman – redefiniu a literatura nos EUA com o livro *Leaves of grass* (*Folhas de relva*). Ele acreditava ser "o" poeta descrito por Emerson em seu ensaio *The poet* (*O poeta*):

---

21. THOREAU, Henry David. *Walden*. Capítulo 16. Parágrafo 21. Disponível em: http://thoreau.eserver.org/walden16.html. Acesso em: 18 dez. 2015.

Nosso conluio entre políticos, nossos comícios e seus políticos, nossa pesca, nossos Negros e Índios, nossos orgulhos e repúdios, a ira dos tratantes, e a covardia dos homens honestos, o comércio do Norte, as fazendas do Sul, o vazio do Oeste, o Óregon e o Texas ainda não foram cantados.

E, assim, atendeu a esse chamado, dizendo no prefácio de *Leaves of grass* (1855): "Os Estados Unidos são essencialmente o grande poema".

Emily Dickinson – seus poemas ofereceram uma nova imagem da mente humana com uma versão experimental da linguagem com nova simbologia.

Thoreau escreveu *Resistência ao governo civil* (mais tarde, *A desobediência civil*) e depois fez palestras ao povo de Concord (*A plea for John Brown*), ecoando o espírito abolicionista.

THOREAU

Thoreau aplicou muitas ideias de Emerson à vida prática. Enquanto Emerson oferecia a parte mais abstrata e filosófica do movimento, Thoreau oferecia a parte prática.

As bases do pensamento de Thoreau (1817-1862) eram o individualismo, a inteligência e certa excentricidade. Ele passou a relacionar-se com homens geniais, mas também possuía uma sabedoria sobre o mundo que o levou à influência abrangente durante sua vida. Ele apresentou uma alternativa à conformidade, a qual chamou a atenção de muitas pessoas.

Nascido em 1817, Thoreau estudou em Harvard e conheceu Emerson em 1837. Ele levava uma vida solitária, mas bastante movimentada. Teve muitos empregos: tutor, empregado da fábrica de lápis da família, agrimensor, orador público e "historiador natural". Seu ativismo pessoal era limitado, mas foi preso por uma noite ao não pagar o imposto que devia. Mais tarde, falou em apoio aos ideais de John Brown. Entre 1845 e 1847, ele viveu no lago Walden. Em 1849, publicou *Resistência ao governo civil*, mais tarde chamado de *A desobediência civil* e *Uma semana nos rios Concord e Merrimack*, este último sobre uma viagem de barco pelos rios feita com o irmão dez anos antes. Ele escreveu em seu diário por cerca de

25 anos. Morreu de tuberculose aos 44 anos, em 1862, enquanto a Guerra Civil ainda estava em curso.

Apesar de ser extremamente positivo, ele tinha opositores. James Russell Lowell, por exemplo, disse que ele era "transcendentalista excêntrico e falso, que insistia em voltar à pedra e haste de ferro mesmo tendo uma caixa de fósforos no bolso; um sujeito maluco que imaginava poder salvar o mundo com farelos ou substituindo seus botões por ganchos e presilhas".

O conflito entre ativismo e pacifismo de sua história pôde ser traçado por causa de sua mãe, Cynthia Dunbar Thoreau[22] e de várias tias. Todas elas participavam ativamente de sociedades abolicionistas. Diferentemente de Thoreau, que não se congregou formalmente a nenhuma sociedade abolicionista e a nenhum outro grupo organizado.

Muitos princípios transcendentalistas mais amplos influenciaram os – ou foram influenciados pelos – princípios filosóficos e políticos de Thoreau.

Concord e Boston ofereceram muitas influências locais entre as décadas de 1830 e 1840. O Unitarismo estava por toda parte, mas recebia pressão para ser reformado. A filosofia escocesa do Senso Comum era democrática, antiaristotélica, anti-humeano e formalmente ensinada em Harvard. O Ecletismo francês era um sistema que ligava a escola do Senso Comum da Escócia à filosofia idealista da Alemanha, e foi muito influente entre os unitarianos. Thoreau abandonou a igreja, apesar de ter sido batizado na Igreja Unitária e, por fim, foi enterrado em um cemitério unitário.

Outras influências vieram de mais longe. Em 1841, Thoreau estava lendo o *Bhagavad Gita*, partes dos *Vedas* e as *Leis de Manu* da biblioteca de Emerson. Um registro de seu Diário diz: "As passagens dos *Vedas* que li caíram sobre mim como luz de uma fonte superior e mais pura que percorre um caminho mais elevado por um meio mais puro – livre de tudo que é particular, é simples e universal".[23]

Semelhante a Emerson, o pensamento de Thoreau não é sistemático. Para ele, viver é o mesmo que simplificar, jogar coisas fora. Ele escreve em *Walden*:

---

22. Cynthia Dunbar Thoreau (1787-1872).
23. *Journal of Henry David Thoreau* (Abril, 1850).

> Nenhum método ou disciplina ultrapassa a necessidade de estar sempre alerta. O que é a história, ou a filosofia, ou a poesia – mesmo a bem escolhida – ou a melhor sociedade, ou a admirável rotina da vida comparadas à disciplina de sempre conseguir enxergar o que existe para ser visto? O que você quer ser? Um leitor, um mero estudante ou um visionário? Leia seu destino, veja o que está na sua frente e caminhe até o futuro[24].

Ele não tentou resolver os conflitos entre suas atitudes e seus textos e preferia sempre simplificar. Como muitos transcendentalistas, suas fontes poderiam variar de forma extremada: desde textos em grego antigo ou hinduístas até sua própria experiência pessoal.

Thoreau, como muitos de nós, costumava mudar de ideia, e quando o fazia, as registrava como parte de seu processo de desenvolvimento. Sua forma única de individualismo é algo que pode ser chamado de "naturalista". Nesse sentido, ele pode ser diferenciado dos naturalistas românticos como Rousseau, os quais viam sua ligação com o mundo natural como parte de um direito humano inato e compartilhado. Para Thoreau, em contraste, sua ligação com a natureza origina-se do aspecto pessoal de suas próprias percepções diretas. As fontes e influências de Thoreau são, em alguns aspectos, as mesmas de Emerson, mas não em outros.

Os primeiros ambientalistas, incluindo John Burroughs em New York, John Muir na Califórnia e Aldo Leopold em Wisconsin[25] falam da influência que tiveram dele. O filósofo Lewis Mumford[26] o chamou de "Pai de nossos parques nacionais e estaduais", ele disse também que a simplificação em Thoreau não o leva ao culto da simplicidade, mas a uma

---

24. THOREAU, Henry David. *Walden*. Editado por J. Lyndon Shanley. Princeton: Princeton University Press, 1971.
25. John Burroughs (1837-1921), John Muir (1838-1914) e Aldo Leopold (1887-1948). Este último identifica Thoreau, assim como Muir e Burroughs, como seus companheiros literários, que entendiam que as criaturas da natureza faziam parte de uma sociedade mais abrangente. LEOPOLD, A. *A sand county almanac*: and sketches here and there. Nova York: Oxford University Press, 1949.
26. Lewis Mumford (1895-1990), filósofo, sociólogo e crítico literário estadunidense.

civilização mais elevada[27]. Suas abordagens eram muito mais práticas e concretas que a maioria das abordagens de Emerson.

Os escritores naturalistas também viram Thoreau como uma figura paterna. Annie Dillard[28] chamou seu livro ganhador do Prêmio Pulitzer – *Pilgrim at Tinker Creek* – de "um diário meteorológico da mente", a mesma frase utilizada por Thoreau para descrever Walden. Vários escritores citaram Thoreau como influenciador ou a ele foram comparados pelos críticos: Rick Bass, Barry Lopez, Peter Matthiessen e Terry Tempest Williams.[29]

Thoreau foi também um grande escritor de viagens.

Mas sua maior influência foi *A desobediência civil*. Mahatma Gandhi lia o texto quando liderava os protestos não violentos na Índia. Martin Luther King Jr. citou a influência de Thoreau em sua própria desobediência civil durante o movimento dos direitos civis da década de 1960. A revolução de sangue das Filipinas, dos trabalhadores poloneses, dos estudantes tomando o muro de Berlim – todos foram movimentos democráticos ligados diretamente ao peregrino do lago Walden.

Pensamento político de Thoreau

Segundo Norberto Bobbio, o direito de resistência é gênero do qual a desobediência civil, a objeção de consciência, a greve política, o direito à revolução e o princípio da autodeterminação dos povos são espécies.[30] Em sentido político, o direito de resistência pode ser definido como "a capacidade de as pessoas ou os grupos sociais se recusarem a cumprir determinada obrigação jurídica, fundada em razões jurídicas, políticas ou morais"[31].

Em sentido jurídico, Buzanello diz que ela é "uma realidade constitucional em que são qualificados gestos que indicam enfrentamento, por

---

27. MUMFORD, Lewis. *The golden day*: a study in American experience and culture. Nova York: Boni and Liveright, 1926. p. 58.
28. Annie Dillard (1945).
29. Rick Bass (1958), Barry Lopez (1945), Peter Matthiessen (1927-2014) e Terry Tempest Williams (1955).
30. BOBBIO, Norberto. *Teoria geral da política*: a filosofia política e as lições dos clássicos. 5. ed. Rio de Janeiro: Campus, 2000. p. 225.
31. BUZANELLO, José Carlos. *Direito de resistência constitucional*. Rio de Janeiro: América Jurídica, 2002. p. 113.

ação ou omissão, do ato injusto das normas jurídicas, do governo, do regime político e também de terceiros". Em termos gerais, ele conclui que a resistência é "o direito de cada pessoa, grupo organizado, de todo o povo, ou de órgãos do Estado, de opor-se com os meios possíveis, inclusive a força, ao exercício arbitrário e injusto do poder estatal"[32].

O termo "desobediência civil" foi criado por Henry David Thoreau em seu ensaio de 1848 para descrever sua recusa em pagar o tributo estadual conhecido como *poll tax*, criado pelo governo norte-americano para seu esforço de guerra contra o México e para executar o Ato dos Escravos Fugitivos.[33, 34] A nova lei permitia processos sumários ante juízes federais.

Logo no início de seu panfleto, no 1º parágrafo, ele diz:

> O melhor governo é aquele que governa menos... e eu gostaria de vê-lo funcionando de forma mais rápida e sistemática [...] O governo é, na melhor das hipóteses, apenas um expediente; mas a maioria dos governos é geralmente, e todos os governos são, às vezes, inadequados.

A proposta de Thoreau é demonstrar os motivos que o levaram a não pagar os impostos devidos ao Estado. Ele é contrário ao expansionismo bélico e diz que o agente das conquistas não é o Estado, mas o próprio povo. Thoreau afirma no 2º parágrafo de *A desobediência civil* que o governo "não mantém o país livre. Ele não conquista o Oeste. *Ele* não educa. Tudo isso tem sido realizado pelo caráter inerente do povo norte-americano, que teria feito um pouco mais se o governo não se interpusesse em seu caminho, às vezes". O Direito à desobediência surge nesse contexto. Thoreau propõe o protesto por meio do não pagamento de impostos.

O pensamento político de Thoreau tem origem mais em sua experiência de vida que em filosofias políticas abstratas. Ele notava várias injustiças em Massachusetts durante a pré-guerra. Newport, Rhode Island e Boston foram

---

32. BUZANELLO, José Carlos. *Direito de resistência constitucional.* Rio de Janeiro: América Jurídica, 2002. p. 113-114.
33. BROWNLEE, Kimberley. Civil disobedience. *The stanford encyclopedia of Philosophy.* Winter, 2013. Edward N. Zalta (ed.). Disponível em: http://plato.stanford.edu/archives/win2013/entries/civil-disobedience/. Acesso em: 18 dez. 2015.
34. A Lei dos Escravos Fugitivos de 1850, redigida por Daniel Webster, tornava crime dar ajuda ou refúgio aos escravos fugitivos.

portos do comércio transatlântico de escravos por dois séculos e ainda existia escravidão no Norte no século XIX. Thoreau e sua família envolveram-se ativamente com os eventos da Ferrovia Clandestina[35] e o fugitivo Anthony Burns foi capturado e processado em Boston pela Lei dos Escravos Fugitivos. Nessa época, Thoreau fez seu discurso *A escravidão em Massachusetts*.

Ele juntou centenas de páginas de notas sobre a cultura e idioma dos índios dos EUA e conhecia grande parte da história das várias tribos da Nova Inglaterra e de seus conflitos violentos com os europeus. Ele descreveu com detalhes a cultura dos índios e quase todos os seus relatos de viagens.

Seu amigo Emerson disse: "A escravidão das mulheres ocorreu quando os homens eram escravos dos reis", e de forma mais concreta que as mulheres "possuem um direito inquestionável a sua própria propriedade. E se uma mulher pedir para votar, possuir cargos e igualdade políticas [...] isso não deve ser recusado"[36].

A ação política de Thoreau mais famosa resultou do fato de ele ter se recusado a pagar seus impostos em várias ocasiões. Seu amigo, Bronson Alcott fez a mesma coisa e ajudou a inspirar a ação de Thoreau. Seus motivos envolviam vários temas: a escravidão, a Guerra contra o México e uma insatisfação geral às políticas governamentais. Em julho de 1846, Thoreau foi preso à tarde e depois de passar uma noite na prisão, seu imposto foi pago por alguém que, até hoje, é desconhecido pelos biógrafos. Em 1848, Thoreau ofereceu o discurso *The rights and duties of the individual in relation to government* aos membros do Liceu de Concord. Então, em 1849, surgiu o discurso intitulado *Resistência ao governo civil* com textos de Emerson e Hawthorne na revista *Aesthetic Papers Elizabeth Peabody*, que teve uma única edição. O texto não recebeu muita atenção até ser publicado com o nome de *A desobediência civil* em *A Yankee in Canada*, época em que a Guerra Civil já havia terminado. Thoreau já havia morrido há quatro anos.

Thoreau pode ter sido um pensador individualista, mas ele também fez parte de um grupo de reformadores, incluindo Jefferson, Franklin, Madison e Lincoln. Sua filosofia política foi formada por um conjunto de ideias. A raiz de seu pensamento está na ideia de lei natural do século XVIII.

---

35. *Underground railroad*, em inglês. Rotas utilizadas no século XIX nos EUA para a fuga de escravos.
36. EMERSON.

A natureza e o "Deus" da natureza são os produtores dessa lei. Assim como Emerson, Thoreau ligava uma versão bastante liberal do Unitarismo à Filosofia escocesa do Senso Comum. Suas ideias abolicionistas têm origem em sua mãe, tias e em William Lloyd Garrison[37].

Alguns chamaram *A desobediência civil* de texto libertário ou, até mesmo, anarquista. O texto inicia com a seguinte frase: "Eu sinceramente aceito o lema 'o melhor governo é aquele que governa menos' e eu gostaria de vê-lo funcionando de forma mais rápida e sistemática. Ao ser atingido, ele equivale a este outro lema, que também acredito: 'o melhor governo é aquele que não governa', e quando os homens estiverem preparados para isso, este será o tipo de governo que terão"[38].

Emerson já havia dito que "Quanto menos governo tivermos, melhor"[39]. Semelhante a Emerson e outros pensadores, é difícil estabelecer Thoreau como pertencente a algum partido unificado ou organização; sua política tem origem nas responsabilidades e ações pessoais, e não em qualquer esquema particular de governo.

A desobediência civil discursa sobre o poder do indivíduo, sobre o individualismo originado de uma lei superior. Segundo Thoreau: "Eu sei bem que se mil, cem ou dez homens que conheço – se apenas dez homens *honestos* – sim, se *um* homem honesto no presente estado de Massachusetts *deixasse de possuir escravos* e, verdadeiramente, se retirasse dessa sociedade e fosse trancado na cadeia municipal, isso, de fato, já seria a abolição da escravidão na América"[40].

Seu argumento tem como base uma moral absoluta: "Em um governo que aprisiona qualquer um injustamente, o verdadeiro lugar de um homem justo também é a prisão"[41].

Ao mesmo tempo em que o ensaio de Thoreau é uma obra sobre teoria política, também é uma obra pragmática sobre as questões de seu tempo. A filosofia compreende a natureza do poder e a relação entre os cidadãos e o governo; a pragmática impele o leitor a agir. Assim, quando diz que o governo deve ser baseado na consciência, também explica que

---

37. William Lloyd Garrison (1805-1879), abolicionista, jornalista e reformador social dos EUA.
38. DC, 1.
39. EMERSON. *Politics*, 1844.
40. DC, 21.
41. DC, 22.

os cidadãos devem abandonar o governo injusto. Um dos temas mais importantes em todo o trabalho de Thoreau é a noção de individualismo.

O poema de Percy Shelley *The mask of anarchy* (A máscara da anarquia) diz praticamente a mesma coisa. O bem acaba vencendo, pois ele é o direito mais elevado: *Look upon them as they slay/Till their rage has died away* (Observemo-los enquanto matam/Até que a raiva lhes esvaia).

Devemos observar que na história "os atos de desobediência civil forçaram a reanálise dos parâmetros sociais da sociedade. O *Tea Party* de Boston, o movimento sufragista feminino, a resistência ao governo inglês pela Índia de Gandhi, o movimento dos direitos civis dos EUA, de Martin Luther King Jr., Rosa Parks e outros, a resistência ao *apartheid* na África do Sul, o protesto de estudantes contra a Guerra do Vietnã, o movimento democrático em Myanmar/Burma, liderado por Aung San Suu Kyi etc. Todos são exemplos em que a desobediência civil mostrou ser um importante mecanismo da mudança social".[42] O texto de Thoreau ganhou fama internacional primeiramente por meio de Leon Tolstoy e, depois, conforme dito anteriormente, por Gandhi[43]. Tolstoy defendia o direito de não pegar em armas. Gandhi notou que a resistência não violenta das massas em conjunção com pressões políticas e morais poderiam desenvolver o nacionalismo indiano e derrubar o governo britânico no país.

Apesar de sua origem norte-americana, as ideias de Thoreau somente surtiram efeito nos EUA na década de 1950. O Montgomery Bus Boycott (1955) foi o gatilho da luta dos negros dos EUA para que lhes fossem reconhecidos direitos civis legais e isonômicos. Na Inglaterra, o Comitê para a Ação Não Violenta, liderado por Bertrand Russel, argumentava pelo "pacifismo nuclear", por meio da desobediência civil, principalmente por sua força de divulgação.[44] Nos EUA, a principal figura do Movimento pelos Direitos Civis foi Martin Luther King Jr. Ele ensinou à nação sobre o poder

---

42. BROWNLEE, Kimberley. Civil disobedience. *The stanford encyclopedia of Philosophy.* Winter, 2013 Edition. Edward N. Zalta (ed.). Disponível em: http://plato.stanford.edu/archives/win2013/entries/civil-disobedience/. Acesso em: 18 dez. 2015.
43. Ver Mohandas K. Gandhi. *Non-violent resistance.* Nova York: Schocken, 1961.
44. Ver Bertrand Russell, "Civil Disobedience and the Threat of Nuclear Warfare", *in* Clara Urquhart (ed.), *A Matter of Life* (Londres: Jonathan Cape, 1963), p. 189-96, reimpresso em H. A. Bedau (ed.), *Civil Disobedience: Theory and Practice* (Nova York: Pegasus, 1969), p. 153-9.

da desobediência não violenta para mudar as leis. King, assim como Gandhi em 1947, tornou-se um mártir da causa após o seu assassinato, em 1968.

Antes mesmo da morte de King, a desobediência civil nos EUA tinha novos objetivos por causa do envolvimento militar do país no Vietnã. Houve recusa no alistamento e protestos. Os protestos logo se transformaram em violência contra pessoas e bens que, no fim da década de 1960, marcaram o término do movimento pelos direitos civis e o aumento dos ataques ao Vietnã e conflitos em relação a este.[45]

Em 1961, a Associação Americana de Filosofia (*American Philosophical Association*) organizou o simpósio *Obrigação Política e Desobediência Civil*, e talvez esta tenha sido a primeira vez que o assunto recebeu atenção oficial da academia.[46] O tema, então, passou a ser investigado e em meados da década de 1980, a discussão estava bastante avançada com vários livros, antologias, artigos e amplas considerações sobre o assunto.

Gandhi, em seus textos da prisão, utiliza a imagem da ilusão do aprisionamento utilizado por Thoreau. Gandhi promoveu o "satyagraha", combinando a "verdadeira força" e a passividade.

A ideia de que não é possível aprisionar uma ideia é tão velha quanto Sócrates. É uma forma aplicada de idealismo político. Até mesmo Leon Tolstoy disse que os norte-americanos deveriam prestar mais atenção ao pensamento de Thoreau do que ao de seus líderes militares ou capitalistas milionários. Martin Luther King Jr. disse que seu primeiro contato com a ideia de resistência moral contra um mau sistema surgiu ao ler o ensaio de Thoreau.

Os leitores que foram influenciados por Thoreau formam uma lista incrível. Ela inclui os já citados Tolstoy, Gandhi e Martin Luther King Jr. Mas ela "também inclui a anarquista Emma Goldman, o educador inglês Henry Salt, o ativista e filósofo teuto-judeu Martin Buber, o ativista estadunidense Ammon Hennacy, um combatente deliberadamente anônimo da resistência dinamarquesa, Willard Uphaus, o diretor do World Fellowship Center, Trevor N. W. Bush, fundador do Congresso Nacional Africano, William Mahoney do *Freedom Rider* e os modernos defensores do não pagamento de tributos Errol Hess e Randy Kehler". O autor continua

---

45. Alice Lynd (ed.), *We Won't Go* (Boston: Beacon, 1968).
46. Richard A. Wasserstrom, Hugo A. Bedau, and Stuart M. Brown, Jr., 'Symposium: Political Obligation and Civil Disobedience,' *Journal of Philosophy*, 58 (1961), 641-65, 669-81.

e diz que isso, no entanto, é um paradoxo, pois o ensaio de Thoreau é "individualista, secular, anarquista, elitista e antidemocrático". Mas, mesmo assim, ele influenciou "pessoas de grande devoção religiosa, líderes de campanhas coletivas e membros de movimentos de resistência".[47]

A questão resolve-se quando notamos que Thoreau não defendia questões de grupos particulares, ele defendia os princípios idealistas e de liberdade que permeavam as ações. Exemplo disso é o problema de sua consistência quando escreve em defesa do violento abolicionista John Brown. Depois do ataque do abolicionista em Harpers Ferry (1859), Thoreau lançou o discurso *A plea for captain John Brown*, e continuou fazendo-o antes da execução de Brown por enforcamento em Charles Town (hoje West Virginia). Ele defendia mais os ideais que a própria ação de Brown. Em uma passagem normalmente citada, ele diz: "Eu não desejo matar ou ser morto, mas consigo prever as circunstâncias em que ambas as ações seriam inevitáveis para mim".[48] Assim, para ele, as ações são determinadas por circunstâncias específicas, não por regras abstratas.

A resistência às leis injustas é, para Thoreau, mais um problema moral sobre a infração das leis que uma questão de não violência.

Em meados do século XX, Schlesinger[49] afirmou que as ideias de Thoreau sobre a desobediência civil tiveram mais influência na Índia Moderna que em seu próprio país, pois seria uma doutrina de resistência pacífica. No entanto, depois de duas décadas de seus comentários, Martin Luther King Jr. afirmou que Thoreau e Gandhi eram duas personagens fundamentais para seu tipo de ativismo. Walter Hardin, um dos biógrafos mais conhecidos de Thoreau, disse também que nenhuma outra pessoa seguiu mais os princípios de Thoreau que Gandhi.

Mas Gandhi afirmou que Thoreau não era estritamente um partidário da não violência, ele desenvolveu suas próprias ideias sobre a resistência passiva antes de ler Thoreau, embora Thoreau tenha exercido, após,

---

47. ROSENWALD, Lawrence A. The Theory, Practice, and Influence of Thoreau's Civil Disobedience. *In*: CAIM, William E. *A historical guide to Henry David Thoreau*, 2000.
48. THOREAU, Henry David. *A plea for captain John Brown*, 1859.
49. SCHLESINGER, Arthur M. *The American as reformer.* Cambridge, MA: Harvard University Press, 1950. p. 33.

uma grande influência em seu pensamento. Na verdade, Thoreau nunca tentou ou imaginou liderar um movimento político de base nacional[50].

A questão não é a consistência do pensamento político de Thoreau, mas que suas ideias influenciaram e continuam a influenciar vários indivíduos e pensadores políticos.

Voltemos ao século XIX, quando Thoreau não se recusou a pagar o imposto para causar qualquer tipo de obstrução ao próprio tributo em particular ou à tributação em si. Ao contrário, ele acreditava que os tributos eram justificados. Na verdade, ele recusou-se a pagá-lo porque não via alternativa para chegar ao Estado. Essa foi a única forma que encontrou para lutar pelos direitos violados de outras pessoas, isto é, a escravidão no Sul, a guerra contra o México e a questão dos índios. Ele afirma que o Estado deve reconhecer o indivíduo como um poder superior e independente, do qual derivam o poder e a autoridade do Estado. Dessa forma, Thoreau acreditava que o indivíduo deveria cumprir a lei da sua consciência, deixando de submeter-se às leis do Estado, isto é, dar prioridade à consciência em detrimento das leis.

Em resumo, o governo não costuma ser útil e obtém seu poder da maioria. A maioria governa porque é o grupo mais forte, não o mais legítimo. Por esse motivo, as pessoas devem seguir as regras da consciência sempre que as leis lhes parecerem injustas, já que não devem passar a vida eliminando o mal, mas são obrigadas a não participar do mal. Thoreau não acredita na reforma de dentro para fora do governo. Thoreau diz não acreditar que o voto seja uma solução adequada para lidar com as injustiças do governo. Votar por justiça não é o mesmo que agir para obter justiça. Em vez disso, é uma forma "débil" de expressar seu desejo de mudança. "Um homem sábio não deixa o correto à mercê do acaso, nem deseja que ele prevaleça por meio do poder da maioria". A maioria acabará votando a favor de seus próprios interesses.[51] Uma pessoa com princípios deve seguir sua consciência. Assim, a maneira escolhida por Thoreau foi deixar de pagar o imposto.

---

50. FREDERICK, Michael J. *Transcendental ethos, a study of Thoreau's social Philosophy and its consistency in relation to antebellum reform*. Tese de MA, Harvard University, 1988. Disponível em: http://thoreau.eserver.org/mjf/MJF1.html#3. Acesso em: 27 out. 2015.

51. DC, 11.

Entre os parágrafos 11 a 24, Thoreau cita importantes pontos filosóficos sobre as maneiras como as pessoas são responsáveis pelo mal que recai sobre os outros. Ele afirma que os indivíduos são responsáveis pelas injustiças das quais participam. Participação tem um sentido amplo para o autor: ser membro de uma instituição injusta, mesmo ser cidadão de uma nação injusta, tornam a pessoa participante da injustiça. Até mesmo pagar impostos a um governo mal é suficiente para manchar a moral das pessoas. Por essa razão, Thoreau argumenta que as pessoas têm o dever de se desassociar do governo e de não o apoiar. No entanto, não afirma existir o dever de promover o bem no mundo. As pessoas não têm o dever de eliminar os erros – nem mesmo os erros mais graves. Uma pessoa pode legitimamente ter outros objetivos e atividades. No entanto, as pessoas devem, no mínimo, "lavar suas mãos" da injustiça e não oferecer apoio a algo que comete erros. Ele afirma:

> Se eu me dedicar a outras atividades e contemplações, primeiro preciso atentar, pelo menos, para que eu não as realize sentado em cima dos ombros de outro homem. Devo descer dele primeiro para que ele também possa ir atrás de suas contemplações.

Ele nota a incoerência em elogiarmos um soldado por se recusar a lutar em uma guerra injusta, enquanto continuamos a sustentar o governo injusto que mantém a guerra.[52] Temos apenas o dever de não causar mal. Não precisamos lutar por um mundo "melhor". Em vez disso, as pessoas esforçam-se para não piorar o mundo. Aqui a distinção de Thoreau está ligada ao seu individualismo: ele argumenta que cada pessoa deve viver para si mesma e tirar proveito de seu curto período de tempo na Terra para seguir seus próprios interesses e objetivos. Para Thoreau, a pessoa pode legitimamente ter preocupações que deem prioridade para a melhoria do mundo; os indivíduos devem manter sua integridade, mantendo-se fiéis aos seus valores e às suas preocupações. No entanto, precisamente por essa razão, uma pessoa é responsável pelo mal que realiza, direta e indiretamente, por meio do apoio tácito. Assim, existe um dever especial em não causar o mal nem dele participar.

---

52. DC 13, 14, 15.

Thoreau também fornece uma importante mensagem sobre o valor da não conformidade. Ele não está apenas preocupado com as injustiças praticadas pelo governo norte-americano; ele também está preocupado com a intolerância do governo com a não conformidade e a dissidência. Ele argumenta que muitos dos problemas do mundo vêm do fato de que as maiorias impossibilitam que as outras pessoas busquem justiça. Ele também apresenta sua ideia para um mundo utópico, em que o governo permitiria que as pessoas escolhessem viver independentemente do próprio governo. Observe que essa ideia depende da suposição de que a cidadania é uma questão de escolha. Thoreau, no entanto, afirma que, independentemente de outras conexões, uma pessoa é responsável por si e pode e deve ver-se como independente de sua sociedade e governo.

Ele convoca as pessoas a se afastar do governo sempre que este as obrigue a fazer algo errado. No entanto, Thoreau não desobedece totalmente às regras da democracia: ele aceita a pena cominada a ele por desobedecer uma lei. As consequências da desobediência devem ser aceitas (ele aceita ser aprisionado). Em vez disso, a sociedade deve ver as consequências de suas leis.

O governo norte-americano não deixa de ser necessário porque "o povo precisa possuir umas ou outras máquinas complicadas e ouvir seus barulhos para que possa satisfazer aquela ideia de governo que possui". No entanto, o governo somente foi útil até agora enquanto ficou de lado. Thoreau diz que o governo, na verdade, não é capaz de fazer tudo o que acreditamos que ele faz: ele não mantém o país livre, não resolve a questão do Oeste e não educa. Pelo contrário, essas conquistas ocorrem por meio do caráter do povo norte-americano, que teria sido mais bem-sucedido nesses esforços se o governo estivesse bem menos envolvido. Thoreau também reclama das restrições ao comércio.[53] No entanto, em seguida, diz que falando "de forma prática e como cidadão", ele não está pedindo pela eliminação imediata do governo. Pelo contrário, no momento, ele apenas deseja um governo melhor.[54]

Daniel Moreira Miranda
Formado em Letras pela USP
e em Direito pela Universidade Mackenzie

---

53. DC 2.
54. DC 3.

SOBRE THOREAU
Thoreau (1862)[55]
por Ralph Waldo Emerson[56]

Henry David Thoreau foi o último descendente masculino de um ancestral francês que veio para este país da ilha de Guernsey[57]. Sua personalidade exibia traços ocasionais extraídos desse sangue, combinada de forma singular com um forte gênio saxão. Ele nasceu em Concord, Massachusetts, em 12 de julho de 1817. Graduou-se na Universidade de Harvard, em 1837, mas sem qualquer distinção literária. Um iconoclasta na Literatura, ele, embora sua dívida em relação às universidades tenha sido importante, raramente agradecia a elas por sua formação e lhes dava pouco estima.

Depois de sair da Universidade, juntou-se com seu irmão no ensino em uma escola particular, que logo abandonou. Seu pai era fabricante de lápis e Henry aplicou-se por um tempo a este ofício, acreditando que poderia manufaturar um lápis melhor que os já existentes. Depois de completar seus experimentos, exibiu seu trabalho para os químicos e artistas em Boston e, tendo obtido seus certificados de excelência e de semelhança aos melhores fabricantes de Londres, voltou satisfeito para casa. Seus amigos parabenizaram-no por ter iniciado seu caminho para a fortuna. Mas

---

55. EMERSON, Ralph Waldo. *In*: Thoreau. Atlantic. *Discurso fúnebre à Thoreau*. Agosto, 1862. p. 239-49.
56. Ralph Waldo Emerson (1803-1882), escritor e filósofo transcendentalista, nasceu em Concord, Massashusets. Ele e Thoreau tornaram-se amigos no fim da década de 1830.
57. Ilha situada na costa da Normandia, França. O pai de Thoreau, Jean Thoreau (1754-1801), foi para os EUA em 1773.

ele respondeu que nunca mais faria outro lápis. "Para quê? Eu não faria novamente o que eu já consegui." Ele retomou às suas caminhadas intermináveis e aos diversos estudos, descobrindo todos os dias algo novo na Natureza, mesmo que ainda nunca falasse de zoologia ou botânica, pois, embora estudasse muito os fatos naturais, ele era indiferente à ciência textual e técnica.

Nesse período, ele era um jovem forte, saudável, que tinha acabado de sair da faculdade. Todos os seus companheiros estavam escolhendo suas profissões ou estavam ansiosos para começar a trabalhar em um emprego lucrativo; assim, era inevitável que os pensamentos dele também estivessem preocupados com a mesma questão, tendo sido necessária uma rara decisão para recusar todos os caminhos comuns e manter sua liberdade solitária à custa de decepcionar as expectativas naturais de sua família e amigos: para tornar as coisas mais difíceis, ele possuía uma perfeita probidade e era rigoroso em manter sua própria independência, afirmando que todos os outros homens possuíam o mesmo dever. Mas Thoreau nunca vacilou. Ele era protestante de nascimento. Recusava-se a deixar de lado sua grande ambição por conhecimentos e a buscar quaisquer profissões ou ofícios limitados, visando a uma ocupação muito mais abrangente: a arte de viver bem. Se ele desprezou e desafiou a opinião dos outros, o fez somente porque tinha a intenção de conciliar a prática com a própria crença. Nunca ocioso ou autoindulgente, sempre que precisava de dinheiro preferia ganhá-lo por meio de algum trabalho manual que lhe fosse agradável, como a construção de um barco ou de uma cerca, o plantio, a enxertia, a topografia ou outros trabalhos breves, a quaisquer compromissos longos. Com seus hábitos saudáveis, poucas necessidades, habilidades com o trabalho em madeira e o poderoso conhecimento de aritmética, ele podia viver em qualquer parte do mundo de forma bastante competente. Custar-lhe-ia menos tempo para suprir suas necessidades do que a qualquer outra pessoa. Dessa forma, ele garantia seu tempo livre.

Possuía uma habilidade natural para a mensuração, tomada de seu conhecimento matemático e de seu hábito de avaliar as medidas e distâncias dos objetos que lhe interessavam, o tamanho das árvores, a profundidade e a extensão das lagoas e dos rios, a altura das montanhas e a distância aérea de seus cumes favoritos – essas habilidades unidas ao seu profundo conhecimento do território de Concord levaram-no à profissão de topógrafo. O trabalho lhe oferecia a vantagem de levá-lo a novos locais isolados, auxiliando-o em seus estudos sobre a Natureza. Sua precisão e habilidade neste trabalho foram prontamente apreciados, e ele encontrou todo o trabalho de que precisava.

Os problemas topográficos eram facilmente resolvidos, mas ele seguia diariamente atormentado por questões mais sérias, as quais confrontava corajosamente. Ele questionava todos os costumes e desejava assentar toda a sua prática em uma base ideal. Ele era um protestante *à l'outrance*[58], e poucas vidas possuem tantas renúncias. Não estava preso à nenhuma profissão; nunca se casou; morava sozinho; nunca foi à igreja; nunca votou; recusou-se a pagar um imposto para o Estado; não comia carne, não bebia vinho, não conheceu o uso do tabaco; e, apesar de ser naturalista, não utilizava nem armadilhas nem armas. Ele escolheu, sabiamente, sem dúvida, ser bacharel do pensamento e da Natureza. Não tinha talento para a riqueza e sabia como ser pobre, sem o menor indício de miséria ou deselegância. Talvez ele tenha chegado ao seu modo de vida sem muita previsão, mas aprovou-a com sabedoria mais tarde. "Muitas vezes lembro-me", ele escreveu em seu diário, "de que se eu tivesse concedido a mim a riqueza de Creso[59], meus objetivos ainda seriam os mesmos, e meus meios essencialmente os mesmos". Ele não tinha tentações para lutar contra ninharias elegantes – nem vontade nem paixão ou gosto. Uma bela casa, roupas, educação e fala de pessoas altamente cultivadas eram desperdícios para ele. Ele preferia muito mais um bom índio, e considerava estes refinamentos como impedimentos à conversa, desejando encontrar seus interlocutores em termos mais simples. Ele recusava convites para jantares, porque neles cada um estava em seu próprio mundo, e ele não conseguia interagir com interlocutores que assim se comportavam. "O orgulho deles", ele disse, "consiste em um jantar muito caro; meu orgulho consiste em fazer meu jantar custar pouco". Quando perguntado à mesa o prato que ele preferia, ele respondeu: "O mais próximo". Ele não gostava do sabor do vinho e nunca teve um vício em sua vida. Ele disse: "Antes de me tornar homem, tenho uma fraca lembrança do prazer de fumar caules secos de lírios.

---

58. Exageradamente.
59. Rei da Lídia no século VI a.C., famoso por suas riquezas.

Eu costumava ter um suprimento deles. Nunca fumei algo tão horrível na vida".

Ele escolheu ser rico ao necessitar de poucas coisas, as quais ele fornecia a si mesmo. Em suas viagens – utilizando a ferrovia somente para superar as distâncias que não possuíam importância para seus propósitos daquele momento – ele andava centenas de milhas, evitava as tabernas, alojava-se nas casas de agricultores e pescadores, pois era mais barato e mais agradável para ele e porque assim ele tinha mais chance de encontrar os homens e as informações que buscava.

Em sua natureza, havia algo de militar que não deve ser subjugado, sempre viril e capaz, mas raramente frágil, como se não se sentisse de outra forma senão em oposição. Ele desejava uma falácia para expor, um erro crasso para pô-lo no pelourinho, posso dizer que ele necessitava de certo sentimento de vitória, um toque do tambor que convocasse seus poderes ao pleno exercício. Era-lhe muito fácil dizer "não"; na verdade, ele achava isso muito mais fácil que dizer "sim". Ele era tão impaciente com as limitações de nossos pensamentos diários, que ao ouvir uma proposta, parece que seu primeiro instinto era contestá-la. Esse hábito, claro, é um pouco arrepiante para as afeições sociais; e, embora no fim, o companheiro o absolveria de quaisquer maldades ou inverdades, isso causava arranhões na conversa. Portanto, nenhum companheiro semelhante conseguia manter relações afetuosas com alguém tão puro e honesto. "Eu amo o Henry", disse um dos amigos dele, "mas não consigo gostar dele; e assim que penso em tomar seu braço, logo mudo de ideia e prefiro segurar o braço de um olmo".

Mesmo sendo eremita e estoico[60], ele possuía muita simpatia e atirava-se viva e infantilmente à companhia de jovens a quem ele amava, os quais tinha prazer de entreter, como apenas ele conseguia, com várias anedotas intermináveis de suas experiências no campo e nos rios. E ele sempre estava pronto para liderar um grupo de pessoas para coletar mirtilo ou fazer uma busca por castanhas ou uvas. Falando um dia sobre um discurso pú-

---

60. Segundo o dicionário Houaiss: "Doutrina fundada por Zenão de Cício (335-264 a.C.) e desenvolvida por várias gerações de filósofos, que se caracteriza por uma ética em que a imperturbabilidade, a extirpação das paixões e a aceitação resignada do destino são marcas fundamentais do homem sábio, o único apto a experimentar a verdadeira felicidade (O estoicismo exerceu profunda influência na ética cristã)".

blico, Henry observou que seja lá o que tenha acontecido com o público, foi algo ruim. Eu disse: "Quem não gostaria de escrever algo que todos pudessem ler, como *Robinson Crusoé*[61]? E quem não veria com pesar que sua página não está fundamentada por um tratamento bem materialista, que encanta todo mundo?". Henry se opôs, obviamente, e fez uma de suas melhores palestras, que alcançou apenas algumas pessoas. Mas, na ceia, uma jovem garota[62], ao saber que ele iria fazer uma palestra no liceu, perguntou-lhe diretamente se a palestra seria uma daquelas histórias belas e interessantes que gostava de ouvir ou se seria uma daquelas coisas filosóficas antigas com as quais ela não se importava. Henry virou-se para ela de forma meditativa e, eu vi, buscava algum tema que pudesse ser agradável para ela e seu irmão que iriam assistir à palestra se ela abordasse um tema bom para eles.

Ele era um orador e ator de verdade – nascido assim – e sempre entrava em situações dramáticas por essa razão. Em qualquer circunstância, interessava a todos os espectadores saber qual papel Henry faria, e o que ele diria; e ele não decepcionava a expectativa, usava um julgamento original em cada uma das emergências. Em 1845, ele construiu uma pequena casa nas margens do lago Walden e morou lá por dois anos: uma vida de trabalho e estudos. Essa ação foi algo bastante natural e própria para ele. Ninguém que o tenha conhecido o taxaria de presunçoso. Ele era diferente de seus vizinhos mais nos pensamentos do que nas ações. Assim que ele esgotou as vantagens dessa solidão, abandonou-a. Em 1847, não aprovando algumas formas como a despesa pública era aplicada, ele se recusou a pagar o imposto da cidade e foi colocado na prisão. Um amigo pagou o imposto por ele[63], e ele foi libertado. Houve ameaça do mesmo aborrecimento no ano seguinte. Mas, visto que seus amigos pagaram o imposto, não obstante o seu protesto, eu acredito que ele deixou de resistir. Nenhuma oposição ou ridicularização surtia qualquer efeito nele. Ele declarava suas opiniões fria e integralmente sem se importar se aquela era a opinião de todo o grupo. Não lhe causava problema algum se todos os presentes discordassem dele. Em certa ocasião, ele foi até a biblioteca da universidade em busca

---

61. Livro (1729) do inglês Daniel Dafoe (1660-1731).
62. Edith, filha de Emerson, que contava com doze anos de idade na época (J 13:270).
63. Não é sabido quem pagou seu imposto.

de alguns livros. O bibliotecário recusou-se a lhe emprestar os livros. Então, o Sr. Thoreau dirigiu-se ao reitor, que lhe apresentou as regras e os costumes que permitiam o empréstimo de livros somente para graduados residentes, clérigos que foram alunos e alguns outros residentes dentro de um raio de dez milhas do colégio. O sr. Thoreau explicou ao reitor que a ferrovia tinha destruído a antiga escala de distâncias – que a biblioteca era inútil, sim, e o reitor e o colégio inúteis, nos termos daquelas regras –, que o único benefício que ele tinha do colégio era a biblioteca –, que, naquele momento, não apenas sua necessidade por livros era imperativa, mas que ele queria um grande número de livros e assegurou-lhe que ele, Thoreau, e não o bibliotecário, era o guardião adequado dos livros. Em suma, o reitor achou o peticionário tão formidável e as regras lhe pareceram tão ridículas, que ele acabou dando-lhe um privilégio que, em suas mãos, provou-se ilimitado posteriormente.

Não houve outro norte-americano tão legítimo quanto Thoreau. A preferência que tinha por seu país e condição genuína, sua aversão pelos gostos e costumes ingleses e europeus chegavam quase ao desprezo. Ele escutava com impaciência as notícias ou *bon mots* dos círculos de Londres; e embora ele tentasse ser civilizado, essas histórias cansavam-no. Todos os homens estavam imitando uns aos outros e de forma bastante limitada. Por que eles não conseguiam viver o mais longe possível um dos outros e cada um deles ser homem por si mesmos? Ele buscava a natureza mais cheia de energia; e ele desejava visitar o Óregon e não Londres. "Em todas as partes da Grã-Bretanha", ele escreveu em seu diário, "são descobertos vestígios de romanos, suas urnas fúnebres, seus campos, suas estradas, suas habitações". E continuou: "Mas a Nova Inglaterra, pelo menos, não se baseia em quaisquer ruínas romanas. Não precisamos fundar os alicerces de nossa casa sobre as cinzas de uma civilização antiga.

Mas, por ser um idealista que apoiava a abolição da escravatura, a abolição dos impostos e quase ser a favor da abolição do governo, é escusado dizer que ele se viu pouco representado na política real e encontrou oposição semelhante em todos os tipos de reformadores. Ainda assim, ele oferecia seu respeito indiviso ao partido antiescravagista. Ao travar conhecimento pessoal com alguém, ele o honrava com excepcional afeição. Antes mesmo de a primeira palavra amiga ter sido oferecida ao Capitão John

Brown, ele informou à maioria dos lares em Concord que no domingo à noite falaria em um salão público sobre as condições e o caráter de John Brown, convidando todas as pessoas. As pessoas do Comitê Republicano, do Comitê Abolicionista, informaram-no que tal discurso seria prematuro e desaconselhável. Ele respondeu: "Eu não enviei o convite para obter conselhos, mas para anunciar que farei um discurso". O salão encheu-se já cedo por pessoas de todas as partes, e seu louvor sincero ao herói foi ouvido por todos com muito respeito, por outro, com uma simpatia que os surpreendeu.

Dizem que Plotino[64] tinha vergonha de seu próprio corpo, e provavelmente tinha uma boa razão para isso – seu corpo não era um bom servo, e ele não tinha habilidade para lidar com o mundo material, como acontece frequentemente aos homens de intelecto abstrato. Mas o Sr. Thoreau possuía um corpo bem adaptado e útil. Ele era de baixa estatura, forte, de pele clara, olhos azuis fortes e sérios, e tinha um aspecto sóbrio – seu rosto foi, mais tarde, coberto com uma barba apresentável. Seus sentidos eram perspicazes, seu corpo compacto e resistente, as mãos fortes e hábeis no uso de ferramentas. E havia uma maravilhosa adequação entre corpo e mente. Com seus passos, ele era capaz de medir 80 metros[65] com maior precisão que alguém que usasse uma trena. Ele era capaz de achar-se na floresta à noite, disse ele, mais com os pés que com os olhos. Ele conseguia estimar apenas de olhar a altura de uma árvore; ele sabia estimar o peso de um bezerro ou de um porco como se fosse um comerciante. A partir de uma caixa com 32 quilos ou mais de lápis soltos, ele conseguia recolher rapidamente com as mãos apenas uma dúzia por vez. Ele era um bom nadador, corredor, patinador, barqueiro e provavelmente caminharia mais que a maioria de seus compatriotas em um dia de viagem. E a relação entre o corpo e a mente ficava ainda mais afiada do que o que foi dito anteriormente. Ele disse que precisava de cada passo que suas pernas davam. O tamanho de sua caminhada relacionava-se de forma uniforme ao tamanho de seu texto. Quando parado em casa, ele nada escrevia.

---

64. Porfírio (232-305) escreveu *Sobre a vida de Plotino* (204-270), filósofo neoplatônico. O primeiro parágrafo do livro afirma que Plotino parecia ter vergonha de seu corpo: Πλωτίνος ο καθ᾽ ημάς γεγονός φιλόσοφος εώκει μεν αισχυνομένω, ότι εν σώματι είη, isto é, "Plotino, filósofo e contemporâneo nosso, parecia ter vergonha de estar (em seu) corpo".

65. 16 *rods*. 1 *rod* = 5,0292 metros.

Ele possuía um forte bom senso, semelhante àquele que Rose Flammock, filha do tecelão, no romance de Scott[66], elogia em seu pai, análogo a um padrão de medida, que, ao mesmo tempo que mede panos menos refinados[67], serve igualmente para medir tapeçarias e tecidos de fios de ouro. Ele sempre tinha um novo recurso. Certa vez eu estava plantando árvores de floresta e tinha conseguido obter 4,5 quilos de bolotas, ele disse que apenas uma pequena parcela delas serviria e começou a examinar e selecionar as boas. "Mas encontrá-las leva tempo", ele disse, "Acho que se você colocá-las em água, as boas irão afundar"; um experimento que realizamos com sucesso. Ele era capaz de planejar um jardim, uma casa ou um celeiro; teria sido competente para liderar uma "Expedição de Exploração ao Pacífico"; era capaz de dar conselhos judiciosos nos assuntos particulares ou públicos mais sérios.

Ele viveu o dia, nunca distraído e atormentado por sua memória. Se ele chegasse ontem com uma nova proposta, ele viria no dia seguinte com outra não menos revolucionária. Sendo um homem muito aplicado e valorando muito o seu tempo (como qualquer homem extremamente organizado), ele parecia o único com tempo livre na cidade, sempre pronto para qualquer excursão promissora ou para uma conversa prolongada durante a tarde. Sua percepção incisiva nunca foi obstruída por suas regras diárias de prudência, mas estava sempre preparada para novas ocasiões. Ele apreciava e utilizava os alimentos mais simples, no entanto, quando alguém defendia uma dieta somente de vegetais, Thoreau imaginava que todas as dietas eram temas muito pequenos, dizendo que: "O homem que atira no búfalo vive melhor que o homem que entra na Casa de Graham".[68] Ele disse: "Você poderia dormir perto da ferrovia e nunca ser incomodado: a Natureza sabe muito bem quais sons merecem atenção e resolveu não ouvir o apito do trem. Mas as coisas respeitam a mente devota e um êxtase mental nunca é interrompido". Ele observou que quando algo lhe ocorria

---

66. *The Betrothed* (1825) do escritor escocês Walter Scott (1771-1832). Traduzida em 1837 por K. d'Avellar: *Os Desposados*. Primeira novela tirada da história das Cruzadas. Lisboa: Imp. de Galhardo e Irmãos, 1837.
67. Em inglês *Dowlas and Diaper*. "Dowals": pano rústico de linho vindo da Bretanha, na França. "Diaper": tecido macio com um padrão distinto.
68. Reverendo Sylvester Graham (1794-1851), ministro presbiteriano e nutricionista reformador dos EUA. Promovia o vegetarianismo e inventou as bolachas Graham, da farinha Graham etc.

repetidamente, a saber, receber uma planta rara e de um local distante, ele passava a encontrá-las em suas próprias buscas. E a sorte que ocorre somente a bons jogadores, acontecia com ele. Um dia, andando com um estranho que perguntou onde poderiam ser encontradas setas de flechas indígenas, ele respondeu: "Por toda parte", e, inclinando-se para a frente, recolheu uma do chão. No Monte Washington, na ravina de Tuckerman[69], Thoreau teve uma queda feia e torceu o pé. No momento em que estava se levantando viu, pela primeira vez, as folhas da *Arnica mollis*[70].

Seu bom senso robusto, armado com mãos fortes, percepções agudas e vontade forte não eram suficientes para explicar o brilho grandioso que isso ofereceu à sua vida simples e recôndita. Devo acrescentar um fato de cardeal: ele possuía uma sabedoria excelsa, adequada a uma rara classe de homens, que lhe mostrava o mundo material como um meio e um símbolo. Essa descoberta, que às vezes produz certa luz casual e interrompida nos poetas, útil para o ornamento de seus textos, tornava-se para ele visão constante; mesmo que falhas ou obstruções de temperamento as pudessem embaçar, ele não desobedecia à visão celestial. Certa vez, em sua juventude, ele disse: "O outro mundo é toda a minha arte: meus lápis não desenharão nenhum outro; meu canivete nada mais entalhará; eu não o uso apenas como um meio". Essa era a musa e o gênio que governavam suas opiniões, conversas, estudos, trabalhos e forma de viver. Isso tudo fez dele um juiz inquisitivo dos homens. Ele mensurava seus companheiros à primeira vista e, embora insensível a alguns traços refinados da cultura, conseguia relatar muito bem seu peso e calibre. Daí a impressão de genialidade advinda, às vezes, de suas conversas.

Ele entendia imediatamente o assunto em questão e enxergava as limitações e a pobreza daqueles com quem ele conversava, de forma que nada parecia oculto àqueles olhos terríveis. Conheci vários jovens sensatos convertidos em um instante à crença de que este era o homem que eles buscavam, o homem dos homens, aquele que poderia dizer-lhes tudo o que deviam fazer. Sua própria forma de lidar com eles nunca foi carinhosa, mas superior, didática – desprezando suas maneiras mesquinhas –, admitindo muito lentamente, ou não, a promessa de ir à casa deles ou mesmo

---

69. Montanhas Brancas (*White Mountain*), em Nova Hampshire, pertencem à Cordilheira dos Montes Apalaches.
70. Espécie norte-americana de Arnica.

de encontrá-los em sua própria casa. "Ele não caminharia com eles?" "Ele não sabia. Não havia nada mais importante para ele que suas caminhadas; ele não podia desperdiçá-las com encontros sociais". Ofereciam visitas de grupos respeitados, mas ele as recusava. Amigos admiráveis se ofereciam para levá-lo às suas próprias expensas ao rio Yellowstone, para as Índias Ocidentais, para a América do Sul. Mas, embora nada fosse mais severo ou considerado do que sua recusa, elas lembram as respostas daquele almofadinha do Brummel[71] para o cavalheiro que lhe ofereceu sua carruagem durante uma chuva: "Mas, e *você*, para onde iria?". Ah! E assim seus amigos se lembram dos silêncios acusadores, dos discursos incisivos e irresistíveis que destruíam todas as defesas!

O Sr. Thoreau dedicou seu gênio com tamanha entrega aos campos, às colinas e às águas de sua cidade natal, que os tornou conhecidos e interessantes a todos os americanos e também aos europeus. Thoreau conhecia o rio em cujas margens ele nasceu e morreu desde a nascente até sua confluência com o Merrimack[72]. Ali, ele fez observações no inverno e no verão durante muitos anos, e a toda hora do dia e da noite. O resultado da recente pesquisa feita pelo Departamento de Águas do estado de Massachusetts já havia sido alcançado por suas experiências particulares vários anos antes. Cada fato que ocorre no leito, às margens, ou ar acima do rio; os peixes, a desova e os ninhos, seus modos, seus alimentos; as *ephmeropteras*, que uma vez por ano enchem o ar em certa noite e são abocanhadas por peixes de forma tão voraz que muitos morrem de tanto comer; os ajuntamentos cônicos de pequenas pedras nas partes rasas do rio, ajuntamentos que, às vezes, podem encher mais que um vagão – essas pilhas enormes formam ninhos enormes de pequenos peixes; os pássaros que frequentam o rio: a garça, o pato, o pato-branco, o colimbo, a águia-pesqueira; e às margens, a cobra, a lontra, o rato almiscarado, a marmota e a raposa; a tartaruga, o sapo, a hyla e o grilo que dão voz à beira do rio – todos eram conhecidos por ele e, por assim dizer, eram criaturas concidadãs e companheiras; dessa forma, ele considerava absurdas ou violentas

---

71. George Bryan Brummell (1778-1840), conhecido como *Beau Brummell* (o belo Brummell). Influente guru da moda na Inglaterra.
72. O Rio Concord corre até o Merrimack. Thoreau e seu irmão navegaram os dois rios em 1839. A viagem deu origem ao livro *A week on the Concord and Merrimack rivers* (1849). Ver a seção Obras e Traduções para o Português, para verificar as edições da obra em nosso idioma.

as narrativas de suas dissecações, e ainda mais de suas partes alfinetadas em uma régua de uma polegada, ou seus esqueletos expostos, ou de uma espécime de esquilo ou pássaro preservado em álcool. Ele gostava de falar sobre os hábitos do rio, como se fosse uma criatura permitida, mesmo assim, falava com exatidão e sempre em relação a um fato observado. Assim como conhecia o rio, ele também conhecia os lagos da região.

Uma das armas que ele mais utilizou, mais importante do que o microscópio ou o recipiente para álcool[73] utilizado por outros investigadores, foi um capricho que cresceu nele por indulgência, mas que pareceu uma proposição muito séria, ou seja, exaltar sua própria cidade e seu bairro como o centro mais favorecido para suas observações naturais. Ele percebeu que a flora de Massachusetts abraçava quase todas as plantas importantes da América – a maioria dos carvalhos, dos salgueiros, os melhores pinheiros, o freixo, o bordo, a faia, as castanheiras. Ele devolveu o livro *Viagem ao Ártico*, de Kane[74], a um amigo de quem ele tinha emprestado, com a seguinte observação: "A maioria dos fenômenos observados pode ser observada em Concord". Ele parecia invejar um pouco o polo, pelo nascer e pôr do sol coincidente ou pelo dia de cinco minutos depois de seis meses: um fato esplêndido que Annursnuc[75] nunca tinha lhe proporcionado. Ele encontrou neve vermelha em um dos seus passeios e me disse que ainda esperava encontrar uma vitória-régia em Concord. Ele era o advogado das plantas nativas e reconhecia uma preferência pelas ervas daninhas às plantas importadas, bem como o índio ao homem civilizado – e notou, com prazer, que as varas de salgueiro utilizadas para escorar o feijoeiro de seu vizinho tinham crescido mais do que o feijão. "Veja essas ervas daninhas", ele disse, "que têm sido retiradas por um milhão de fazendeiros em todos os verões e primaveras e, ainda assim, têm prevalecido, e neste momento surgem triunfantes em todas as veredas, pastos, campos e jardins, tal é o seu vigor". Nós também as insultamos com nomes que as rebaixam, como o amaranto (*pigweed*, capim de porco em inglês), a losna (*wormwood*, pau-verme em inglês), a marugem (*chikweed*, erva de galinha em inglês) e flor de arenque

---

73. *Alcoholreceiver*, receptáculo para coletar álcool depois da destilação ou da condensação.
74. *Artic explorations* (1853-1855), de Elisha Kent Kane (1820-1857), explorador e oficial médico da marinha norte-americana.
75. Monte próximo a Concord.

(*shad-blosson* em inglês). Ele dizia: "elas também têm nomes corajosos – *Ambrosia stellaria*, *Amelanchia*, Amaranto etc.".

Acho que sua inclinação para se referir ao meridiano de Concord para tudo não surgiu por ignorância ou depreciação de outras longitudes ou latitudes, mas sim por uma expressão lúdica de sua condenação em relação à indiferença de todos os outros lugares, e que o melhor lugar de todos é onde ele estava. Ele expressou-se certa vez assim: "Eu acredito que nada podemos esperar de você, se este pouco bolor sob seus pés não for mais doce para comer do que qualquer outra coisa neste mundo ou em qualquer mundo".

A outra arma com a qual ele conquistou todos os obstáculos da ciência foi a paciência. Ele sabia como se sentar imóvel, como ser uma parte da pedra em que descansava até que os pássaros, os répteis, os peixes, que haviam saído dali voltassem e retomassem seus hábitos, de fato, movidos pela curiosidade voltavam para observá-lo.

Era um prazer e um privilégio caminhar com ele. Ele conhecia o país como uma raposa ou um pássaro, e passava por ele livremente fazendo seus próprios caminhos. Ele conhecia todas as direções, na neve ou na terra, e sabia que criatura havia feito aquele caminho antes dele. Devemos nos submeter humildemente a um guia desses, e a recompensa costumava ser grande. Debaixo do braço ele carregava um livro antigo de música, para guardar as plantas; no bolso, seu diário e um lápis, um binóculo para ver os pássaros, um microscópio, um canivete e barbante. Ele usava um chapéu de palha, sapatos robustos e fortes calças cinza, para lidar com o arbusto de carvalho e de smilax, para escalar uma árvore em busca de um ninho de falcão ou de esquilo. Ele nadava na piscina em busca das plantas aquáticas e suas pernas fortes não eram uma parte insignificante de sua armadura. Nesse dia de que falo, ele estava procurando por *Menyanthes*, achou-as do outro lado do grande lago e, ao examinar as florezinhas, decidiu que haviam florescido havia cinco dias. Ele retirou seu diário do bolso do peito e leu os nomes de todas as plantas que deveriam florescer naquele dia, as quais ele mantinha anotadas como um banqueiro que deseja saber quando vencem suas contas. O *Cypripedium* não venceria até amanhã. Ele acreditava que, caso fosse acordado depois de um transe nesse pântano, ele poderia, em dois dias, dizer, apenas observando as plantas, que época do ano era. A *Setophaga ruticilla* (*redstart*) estava voando pela região e também os belos pardais do norte, cujo escarlate brilhante faz que o observador precipitado esfregue os olhos e cujo canto claro Thoreau comparava ao de um sanhaço sem rouquidão. Naquele momento, ele ouviu um canto que disse ser da Felosa-dos-juncos, pássaro que ele nunca tinha identificado e que estava buscando havia doze anos, mas sempre que ele o avistava, o animal estava mergulhando em uma árvore ou em um arbusto e, por essa razão, achava vão continuar a busca; este é o único pássaro que canta, indiferentemente, se é noite ou dia. Eu disse a ele que ele deveria tomar cuidado, pois ele poderia encontrá-lo, classificá-lo e a vida não teria mais nada para mostrar-lhe. Ele respondeu: "O que você procura em vão durante metade de sua vida, um dia surge de forma completa com toda a família à mesa do jantar. Você o procura como a um sonho, e logo que você o encontra, você se torna sua presa".

O seu interesse por flores ou pássaros estava profundamente enraizado em sua mente, estava conectado com a Natureza, mas ele nunca tentou definir o significado da natureza. Ele não iria oferecer um memorial de suas observações para a Sociedade de História Natural. "Para quê? Quando eu separo as descrições e as conexões que existem em minha mente, elas deixam de ser verdadeiras ou valiosas para mim: e eles não querem o que pertence a ela". Seu poder de observação parecia indicar sentidos adicionais. Ele enxergava como se usasse um microscópio, ouvia como se tivesse uma corneta acústica, e sua memória era como um registro fotográfico de tudo o que viu e ouviu. E, ainda assim, ninguém sabia melhor que ele que não são os fatos que importam, mas a impressão ou o efeito dos fatos sobre nossa mente. Todos os fatos jaziam gloriosamente em sua mente, um modelo da ordem e da beleza do todo. Sua obstinação em História Natural era orgânica. Ele confessou que, às vezes, se sentia como um cão de caça ou uma pantera e, se tivesse nascido em meio aos índios, teria sido um caçador mortal. Mas, limitado por sua cultura de Massachusetts, ele jogava de forma mais branda: a botânica e a ictiologia. Sua intimidade com os animais sugeria aquilo que Thomas Fuller[76] registrou sobre Butler, o apicultor, que "Ou ele tinha dito coisas às abelhas ou as abelhas lhe tinham dito". As cobras serpenteavam em suas pernas; os peixes nadavam em suas mãos e ele os tirava da água; ele retirou uma

---

76. Thomas Fuller (1565-1647) escreveu *The feminine monarchie, or the historie of bees*, em 1609.

marmota de sua toca pela cauda e protegeu as raposas contra os caçadores. Nosso naturalista possuía a perfeita magnanimidade. Ele não tinha segredos: ele o levaria até o refúgio da garça ou até mesmo ao seu pântano botânico mais valorizado – possivelmente, sabendo que você nunca conseguiria encontrá-lo novamente; no entanto, ele se dispunha a assumir os riscos.

Nenhuma faculdade ofereceu-lhe um diploma ou uma cátedra; nenhuma academia fez dele seu secretário correspondente, seu descobridor, nem mesmo seu membro. Talvez esses organismos temessem o sarcasmo de sua presença. No entanto, poucos possuíam tanta genialidade e conhecimento sobre os segredos da Natureza, ninguém com uma síntese maior e mais religiosa. Pois ele não possuía nem um traço de respeito às opiniões de quaisquer homens ou conglomerado de homens, mas prestava homenagens somente à verdade em si; e, quando notava entre os doutores de qualquer lugar atitudes que eram apenas corteses, ele os desacreditava. Ele passou a ser reverenciado e admirado por seus cidadãos, que, no início, o tinham conhecido apenas como alguém esquisito. Os agricultores que o empregaram como topógrafo logo descobriram sua rara precisão e habilidade, o conhecimento de suas terras, das árvores, dos pássaros, dos vestígios dos índios e outras coisas semelhantes, algo que lhe permitia falar aos agricultores muito mais sobre suas próprias fazendas do que eles sabiam e, assim, começavam a sentir um pouco como se o Sr. Thoreau tivesse direitos mais bem estabelecidos sobre suas terras do que eles mesmos. Eles perceberam, também, a superioridade do caráter que se dirigia a todos os homens com uma autoridade natural.

Há muitos artefatos dos índios em Concord – pontas de flechas, formões de pedra, pilões e fragmentos de cerâmica; e na margem do rio, grandes montes, conchas e cinzas marcam os locais que eram frequentados por eles. Todas as circunstâncias sobre os índios eram importantes a seus olhos. Suas visitas ao Maine ocorreram principalmente por amor aos índios. Ele teve a satisfação de ver a fabricação de canoas a partir da casca de árvores, bem como experimentar navegá-las pelas corredeiras. Ele estava curioso sobre a manufatura das pontas de pedra das flechas, e em seus últimos dias encarregou um jovem de ir até as montanhas rochosas para encontrar um índio que pudesse dizer: "Para aprender isso valeria a pena visitar a Califórnia". Ocasionalmente, um pequeno grupo de índios penobscot visitava Concord e, por algumas semanas no verão, montavam suas tendas à margem do rio. Ele não deixou de fazer amizade com o melhor deles; embora ele bem sabia que fazer perguntas aos índios era como catequizar castores e coelhos. Em sua última visita ao Maine, teve a grande satisfação de encontrar Joseph Polis, um índio inteligente de Oldtown, que foi seu guia por algumas semanas.

Ele estava igualmente interessado em todos os fatos naturais. A profundidade de sua percepção encontrava leis semelhantes em toda a Natureza, e eu não conheço outro gênio que tenha inferido tão rapidamente uma lei universal a partir de um único fato. Ele não possuía o dogmatismo dos departamentos universitários. Seus olhos estavam abertos para a beleza, seus ouvidos para a música. Ele não a encontrava em condições raras, mas onde quer que ele fosse. Para ele, o melhor da música estava em seus traços simples; e ele encontrava sugestões poéticas no zumbido dos fios do telégrafo.

Sua poesia pode ser boa ou ruim; na verdade, lhe faltava a facilidade lírica e a habilidade técnica, mas a fonte de sua poesia estava em sua percepção espiritual. Sendo um bom leitor e crítico, seu juízo sobre poesia baseava-se nessas características. Não havia como enganá-lo quanto à presença ou ausência do elemento poético de uma composição qualquer, sua sede por tal elemento tornou-o negligente e, talvez, desdenhoso das graças superficiais. Talvez ele não notasse muitos ritmos delicados, mas notava cada estrofe ou verso expressivo de um livro, e sabia muito bem como encontrar um charme poético semelhante na prosa. A beleza espiritual o encantava tanto que, em comparação, estimava apenas levemente todos os poemas já escritos. Ele admirava Ésquilo e Píndaro, mas, quando alguém os elogiava, ele dizia que

> Ésquilo e os gregos, ao descreverem Apolo e Orfeu, não criaram melodias, ou, pelo menos, nenhuma boa. Eles não deveriam ter tirado as árvores do lugar, mas, aos deuses, deveriam ter cantado um hino capaz de retirar todas as velhas ideias de suas cabeças, substituindo-as por outras novas.

Seus próprios versos são muitas vezes rudes e defeituosos. O ouro ainda não flui de forma pura, ele ainda contém sedimentos e está áspero. O tomilho e a manjerona ainda não são mel. Mas se lhe faltam refinamentos líricos e méritos técnicos, se ele não possui o temperamento poético, nunca lhe faltará o pensamento causal, mostrando que o seu gênio era melhor que o seu talento. Ele conhecia o valor da imaginação, para a elevação e a consolação da vida humana, e gostava de amalgamar todos os pensamentos em um símbolo. O fato que você conta não possui valor, apenas impressão. Por essa razão, sua presença era poética e sempre despertou a curiosidade de conhecer mais profundamente os segredos de sua mente. Ele tinha muitas reservas, uma falta de vontade para expor aos olhos do profano àquilo que era sagrado para ele, e conhecia bem como lançar um véu poético sobre sua experiência. Todos os leitores de *Walden* lembrarão o registro mítico de suas decepções:

> Há muito tempo perdi um cão, um cavalo baio e uma rolinha, mas continuo procurando por eles. Conversei com muitos viajantes e falei sobre eles, descrevendo suas trilhas, e a qual chamado eles respondiam. Conheci um ou dois que tinham ouvido o cão e o cavalgar do cavalo e até mesmo visto a rolinha desaparecerem por trás de uma nuvem; e eles pareciam ansiosos em recuperá-los como se eles mesmos os tivessem perdido.[77]

Seus enigmas valiam a leitura, e eu confesso que estão corretos mesmo quando não entendo o que ele quis dizer. Tamanha era a riqueza de sua verdade, que não valia a pena usar palavras em vão. Seu poema intitulado *Simpatia* revela a ternura sob a ação de sua armadura tripla de estoicismo, bem como a sutiliza intelectual que ele traz à tona. Seu Classicismo, em *Fumaça*, sugere Simonides[78], mas é melhor do que qualquer poema de Simonides. Sua biografia está em seus versos. Seu pensamento normal faz toda a sua poesia ser um hino à causa das causas, ao espírito que vivifica e controla a si mesmo.

> *Ouço, mas antes só tive ouvidos*
> *E vejo, mas antes eram apenas olhos;*
> *Vivo momentos, quando antes eram anos,*
> *Percebo a verdade, antes só as histórias.*

---

77. *Walden*. p. 20.
78. Poeta grego (556 a.C.-468 a.C.).

E muito mais nessas frases religiosas:

> *Meu nascimento é agora*
> *E hoje, minha maturidade;*
> *Acreditarei no amor não declarado,*
> *Não conquistado por meu valor ou desejo,*
> *O qual me atraiu na juventude e me atrai na velhice*
> *E que me trouxe a este final de tarde.*[79]

Enquanto, em seus textos, ele fazia certas observações petulantes em relação às igrejas ou aos clérigos, ele era uma pessoa com uma religião rara, tenra e absoluta, uma pessoa incapaz de qualquer profanação, pela lei ou pelo pensamento. Obviamente, o mesmo isolamento inicial de seu pensamento e vida o desligou das formas sociais e religiosas. Isso não é causa nem de censura nem de lamentação. Aristóteles explicou isso há muito tempo ao dizer que "aquele que supera seus concidadãos em virtude deixa de ser parte da cidade. A lei dela não serve mais, pois ele é a lei para si mesmo".

Thoreau era a própria sinceridade e poderia fortalecer as convicções dos profetas nas leis éticas por sua forma sagrada de vida. Era uma experiência afirmativa, que se recusava a ser posta de lado. Sendo um orador da verdade, ele era capaz das conversas mais profundas e rigorosas; um médico para as feridas da alma; um amigo, que não conhecia apenas o segredo da amizade, mas que era quase adorado pelas poucas pessoas que recorriam a ele como seu confessor e profeta, porque conheciam o valor profundo de sua mente e seu grande coração. Ele acreditava que sem religião ou algum tipo de devoção, nada grandioso seria realizado: e ele acreditava que o sectário intolerante deveria sempre ter isso em mente.

Suas virtudes, obviamente, às vezes, atingiam extremos. Foi fácil perceber que a austeridade que tornou esse quase eremita mais solitário do

---

79. Trechos do poema *Inspiration* (Inspiração) de Thoreau: *I hearing get, who had but ears,/ And sight, who had but eyes before;/ I moments live, who lived but years,/ And truth discern, who knew but learning's lore./ And still more in these religious lines: –/ Now chiefly is my natal hour,/ And only now my prime of life;/ I will not doubt the love untold,/ Which not my worth or want hath bought,/ Which wooed me young, and wooes me old/ And to this evening hath me brought.*

que ele desejava, era sua inexorável exigência a todos pela verdade exata. Ele mesmo, sendo perfeitamente probo, não exigia menos dos outros. Ele odiava o crime e nenhum sucesso mundano o encobriria. Com igual desprezo, ele prontamente percebia a trapaça, tanto em pessoas dignas e prósperas quanto em mendigos. Por causa dessa franqueza perigosa em seu trato, seus admiradores o chamavam de "aquele terrível Thoreau", como se ele falasse quando em silêncio e estivesse ainda presente quando não mais estava. Acho que a severidade de seu ideal interferiu para privá-lo de uma adequação saudável à sociedade humana.

O hábito de um realista em encontrar coisas que são o inverso de sua aparência inclinou-o a fazer com que toda afirmação fosse um paradoxo. Certo hábito antagonista desfigura seus primeiros textos – um truque de retórica não muito maduro de substituir palavras e pensamentos óbvios por opostos diametrais. Ele louvou montanhas selvagens e florestas invernais por seus ares domésticos, encontrou beleza na neve e no gelo e elogiou o deserto por serem parecidos a Roma e Paris. "Era tão seco que poderíamos chamá-lo úmido."

A tendência de ampliar o momento, para ver todas as leis da Natureza em um objeto ou unicamente em uma combinação sob os olhos é obviamente cômica para os que não compartilham a percepção de identidade do filósofo. Para ele, não existia o que chamamos de tamanho. O lago era um pequeno oceano; o Atlântico, um grande lago Walden. Ele ligava cada fato minúsculo às leis cósmicas. Embora tivesse a intenção de ser justo, parecia assombrado por certa suposição crônica de que a ciência atual fingia completude, mas ele rapidamente descobria que os *savans*[80] haviam deixado de discriminar uma determinada variedade botânica, não conseguiram descrever as sementes ou contar as sépalas. "Isso quer dizer", nós respondemos: "os ignorantes não nasceram em Concord; mas quem disse que tinham nascido? Na verdade, tiveram o azar indescritível de terem nascido em Londres ou Paris ou Roma; mas, pobres pessoas, eles fizeram o que podiam, considerando que nunca viram o Lago de Bateman, ou Nine-Acre Corner, ou o pântano de Becky-Stow. Além disso, será que você não foi enviado ao mundo somente para acrescentar essa observação?".

---

80. *Savans* ou *savants*: peritos, especialistas, *experts*.

Caso sua genialidade tivesse sido apenas contemplativa, ele já estaria apto para sua vida; mas, com a adição de sua energia e capacidade prática, ele parecia ter nascido para grandes empreendimentos e para liderar; e lamento muito a perda de seus raros poderes de ação, que não posso deixar de considerar sua falta de ambição como uma falha. Por essa falha, em vez de ser o engenheiro de toda a América, ele era o capitão de um grupo de coletores de mirtilo. Há dias em que esmagar grãos é bom para o fim de esmagar impérios; apenas se, ao final de muitos anos, não forem apenas grãos!

Mas essas excentricidades, reais ou aparentes, foram rapidamente desaparecendo com o incessante crescimento daquele espírito tão robusto e sábio, que apagava suas derrotas com novos triunfos. Seu estudo da natureza foi um ornamento perpétuo a ele e inspirou seus amigos com a curiosidade de ver o mundo por meio dos olhos dele e com o desejo de ouvir suas aventuras. Eles possuíam todo tipo de interesse.

Ao mesmo tempo em que zombava da elegância convencional, ele possuía outras elegâncias próprias. Assim, ele não suportava ouvir o som de seus passos, o ranger do cascalho; e, por conseguinte, nunca caminhou na estrada de maneira voluntária, mas na grama, nas montanhas e nos bosques. Seus sentidos eram intensos, e ele observou que durante a noite as casas de moradia soltavam um mau cheiro, semelhante ao de um matadouro. Ele gostava da fragrância pura do meliloto. Ele honrava certas plantas com uma consideração especial e, acima de tudo, o lírio do lago[81] e, depois, a *Mikania scandens,* e a "bela-luz"[82], bem como uma tília que ele visitava todos os anos em julho quando florescia. Ele acreditava que o perfume constituía uma investigação mais oracular do que a visão – mais oracular e confiável. O olfato, claro, revelava o que estava oculto para os outros sentidos. Por meio do olfato ele detectava a crueza. Ele encantava-se com os ecos e dizia que eram quase as únicas vozes familiares que conseguia ouvir. Ele amava tanto a natureza e estava tão feliz com a solidão dela, que passou a ressentir-se das cidades e da triste conquista que seus refinamentos e artifícios trouxeram aos homens e seus lares. O machado sempre destruiria sua floresta. "Agradeço a Deus", ele disse, "por eles não

---

81. *Nuphar variegata.*
82. *Hylotelephium telephium.*

poderem cortar as nuvens!... Pois, com essa tinta branca e fibrosa, são desenhados todos os tipos de figuras nessa tela azul"...

Há uma flor conhecida pelos botânicos que é do mesmo gênero que nossa planta de verão chamada *Life-everlasting*, uma *Gnaphalium* desse tipo, que cresce nas falésias mais inacessíveis das montanhas tirolesas, onde a cabra-montesa dificilmente ousa se aventurar, e onde o caçador, tentado pela sua beleza e pelo seu amor (por essa razão é imensamente valorizado pelas donzelas suíças) escala penhascos para colhê-la e, às vezes, é encontrado morto ao seu pé, com a flor na mão. É chamada pelos botânicos de *Gnaphalium leontopodium*[83], mas pelos suíços de *Edelweisse*[84], que significa *pureza nobre*. Thoreau parecia-me viver com a esperança de colher essa planta, a qual pertencia a ele por direito. A escala com que procederam seus estudos foi tão grande quanto exigir a longevidade, e nós éramos os menos preparados para seu súbito desaparecimento. O país ainda não sabe, ou pelo menos parte dele, que grande filho ele perdeu. Parece uma lesão em que ele deve sair no meio para terminar sua tarefa quebrada – um tipo de indignidade para uma alma tão nobre, que deve afastar-se da natureza antes; no entanto, ele realmente mostrou a seus pares o que ele é, porém ele, pelo menos, está satisfeito. Sua alma foi feita para a sociedade mais nobre; ele teve uma curta vida esgotando os recursos deste mundo; onde quer que haja conhecimento, onde há virtude, onde quer que haja beleza, ele vai encontrar uma casa.

---

83. Atualmente, *Leontopodium alpinum*.
84. Edelvais em português, também conhecida como pé-de-leão.

A DESOBEDIÊNCIA CIVIL[85]

---

85. H. D. Thoreau. *A yankee in Canada with anti-slavery and reform papers*. Boston: Ticknor & Fields. p. 123-51. Proferida em 1848 em uma palestra com o título "Sobre o Relacionamento do Indivíduo com o Estado" (*On the Relation of the Individual to the State*). Publicado originalmente na revista *Aesthetic Papers*. Boston: impressão privada, 1849, com o título "Resistência ao Governo Civil" (*Resistance to Civil Government*).

Eu sinceramente aceito o lema "o melhor governo é aquele que governa menos"[86], e gostaria de vê-lo funcionando de forma mais rápida e sistemática. Ao ser atingido, ele equivale a este outro lema, que também acredito: "o melhor governo é aquele que não governa", e quando os homens estiverem preparados para isso, este será o tipo de governo que terão. O governo é, na melhor das hipóteses, apenas um expediente; mas a maioria dos governos é, geralmente, e todos os governos são, às vezes, inadequados. As objeções feitas contra um exército permanente – as quais são muitas, fortes e merecem prevalecer – também, por fim, podem ser feitas contra um governo permanente. O exército permanente é apenas um braço do governo permanente. O governo em si, que é apenas o modo que o povo escolheu para executar a sua vontade, é igualmente suscetível de ser abusado e pervertido antes que o povo possa agir por meio dele. Na atual guerra mexicana[87], por exemplo, vemos o trabalho de alguns poucos indivíduos utilizando o governo permanente como sua ferramenta, pois, a princípio, o povo não teria consentido com tal medida.

---

86. A frase é tradicionalmente atribuída a Thomas Jefferson. Provavelmente não pertence a ele, pois não a encontramos em seus textos. A referência possível é ao lema *The best government is that which governs least* (*O melhor governo é aquele que governa menos*, da revista United States Magazine and Democratic Review, 1837-1859 ([John L. O'Sullivan], "Introduction", *United States Magazine and Democratic Review*, nº 1 (1837): 6., ou *The less government we have, the better* (*Quanto menos governo tivermos, melhor*) do livro *Política*, de Ralph Waldo Emerson, 1844.

87. A guerra entre os EUA e o México (1846-1848). A guerra ocorreu depois da anexação do Texas aos EUA em 1845 e seu fim foi documentado pelo tratado de Guadalupe Hidalgo, assinado em 2 de fevereiro de 1848, por meio do qual os territórios da Alta Califórnia e do Novo México foram tomados pelos EUA.

[2][88] O que é este governo norte-americano senão uma tradição, apesar de recente, que se esforça para transmitir-se para a posteridade sem ser diminuído, mas que a cada instante perde um pouco de sua integridade? Ele não tem a vitalidade e a força de um homem de vida simples, pois um único homem é capaz de dobrá-lo à sua vontade. É um tipo de revólver de madeira para o próprio povo; e, caso as pessoas resolvam usá-lo em algum momento como uma arma real, ela certamente vai se quebrar. Mas ele não deixa de ser necessário, pois o povo precisa possuir umas ou outras máquinas complicadas e ouvir seus barulhos para que possa satisfazer aquela ideia de governo que possui. Os governos mostram, assim, como é fácil impor-se sobre os homens, ou mesmo impor-se a si mesmos para seu próprio benefício. É admirável, devemos concordar; ainda assim, o governo nunca promoveu por si mesmo quaisquer empreitadas, senão pelo entusiasmo com que deixou de intrometer-se nelas. *Ele* não mantém o país livre. *Ele* não conquista o Oeste. *Ele* não educa. Tudo isso tem sido realizado pelo caráter inerente do povo norte-americano, que teria feito um pouco mais se o governo não se interpusesse em seu caminho, às vezes. Pois o governo é um expediente pelo qual os homens conseguem deixar com prazer uns aos outros sozinhos; e, como já foi dito, sempre que é conveniente, os governados são, em sua maioria, deixados sozinhos. O comércio e a exportação, se não fosse a borracha da Índia[89], nunca teriam conseguido saltar os obstáculos que os legisladores costumam colocar em seu caminho; e, se fôssemos julgar esses homens somente pelos efeitos de suas ações e não em parte por suas intenções, eles mereceriam ser classificados e punidos com aquelas pessoas travessas, que põem obstáculos nos trilhos dos trens.

[3] No entanto, falando de forma prática e como cidadão, ao contrário dos que se intitulam homens sem governo[90], não peço o fim imediato do governo, mas, *imediatamente* por um governo melhor. Se todo homem soubesse que tipo de governo teria o seu respeito, já estaríamos a um passo de atingi-lo.

---

88. Numeração para efeito de estudo.
89. Na verdade, feita do látex de plantas tropicais. "Índia" aqui refere às Índias Ocidentais.
90. Anarquistas.

[4] Afinal, a razão prática por que – assim que o poder está nas mãos do povo – se permite que a maioria governe e continue a governar por um longo período, não ocorre porque ela está mais propensa a estar correta, nem porque isso parece mais justo para a minoria, mas porque ela é fisicamente mais forte. Mas não há como um governo ser baseado na justiça quando, em todos os casos, ele é comandado pela maioria, nem mesmo na justiça conforme é entendida pelos homens. Será que não há como existir um governo em que o certo e o errado é decidido pela consciência e não pela maioria? Um governo no qual as maiorias decidem apenas sobre as questões em que a regra de conveniência é aplicável? Deve o cidadão, mesmo que por um instante, ou em menor grau, entregar sua consciência ao legislador? Por que cada um de nós precisaria ter uma consciência, então? Acredito que, antes de sermos súditos, devemos primeiramente ser homens. Não é desejável cultivar um respeito pela lei maior do que um respeito pelo que é correto. A única obrigação que tenho o direito de aceitar é fazer a qualquer momento o que eu acredito ser correto. Já foi bastante e verdadeiramente dito que as associações não têm consciência; mas uma associação de homens conscientes é uma associação *com* uma consciência. A lei nunca tornou os homens um pouco mais justos; e, por meio de seu respeito a ela, mesmo os bem-intencionados são diariamente agentes da injustiça. Um resultado comum e natural do respeito indevido à lei é a possibilidade de vermos uma fileira formada por soldados, coronel, capitão, cabos, soldados rasos, carregadores de explosivos e tudo o mais marchando em ordem admirável sobre montes e vales para as guerras, contra suas vontades, sim, contra o seu bom senso e consciência, o que torna a marcha extremamente íngreme e produz palpitações no coração. Eles, sem dúvida, sabem que estão metidos em um negócio terrível; todos possuem inclinações pacíficas. Agora, o que são eles? Homens? Ou pequenos fortes e depósitos móveis de armas a serviço de um homem sem escrúpulos no poder? Visite o estaleiro naval e observe um fuzileiro, um homem que apenas o governo norte-americano poderia fabricar, ou tal como poderia ser fabricado por um homem com sua magia negra, uma mera sombra e reminiscência da humanidade, um homem que está vivo e em pé, mas, poderíamos dizer, já enterrado sob armas com acompanhamento fúnebre, mesmo que

> Nem mesmo um tambor tenha sido ouvido, nem uma
> nota fúnebre,
> Enquanto carregávamos seu corpo para o forte;
> Nem um soldado disparou seu tiro de despedida
> no túmulo onde enterramos nosso herói[91].

[5] A massa de homens não serve ao Estado primeiramente como homens, mas como máquinas, com seu corpo. Eles são o exército permanente, a milícia, os carcereiros, os policiais, o *posse comitatus*[92] etc. Na maioria dos casos não há livre exercício dos juízos ou da moral; eles estão no mesmo nível da madeira e da terra; e, talvez, possam ser fabricados homens de madeira, que também servirão ao mesmo propósito. Não há mais respeito nisso do que em homens de palha ou em um pedaço de terra. Eles têm o mesmo tipo de valor, agindo apenas como cavalos e cães. Ainda assim, eles são normalmente estimados como bons cidadãos. Outros, como a maioria dos legisladores, políticos, advogados, ministros e titulares de cargos, servem ao Estado principalmente com sua cabeça; e visto que, raramente, fazem alguma distinção moral, são tão suscetíveis de servir ao diabo, sem querer, como a Deus. Pouquíssimos, como os heróis, os patriotas, os mártires, os reformadores no bom sentido e os *homens* servem ao Estado também com sua consciência e, na maior parte do tempo, resistem a ele de forma tão necessária, mas são comumente tratados por ele como inimigos. Um homem sábio somente será útil como homem e não aceitará ser "barro" e "tapar um buraco e manter o vento distante".[93] Ele preferirá deixar tal cargo encher-se de pó:

---

91. Charles Wolfe (1791-1823), *The Burial of Sir John Morre at Corunna (Enterro de Sir John Moore em Corunna)*. "Not a drum was heard, not a funeral note,/ As his corse to the rampart we hurried;/ Not a soldier discharged his farewell shot/ O'er the grave where our hero we buried".
92. Grupo com o poder de manter a lei. *Posse comitatus* (do latim, poder da comunidade) referia-se a um tipo de milícia local de um xerife.
93. A ideia está na peça *Hamlet*, Ato 5, Cena 1 de Shakespeare (1564-1616). Hamlet diz: "César, o grande imperador, agora morto e transformado em barro, pode tapar um buraco para manter o vento distante. Ah, imaginar que esta terra que uma vez governou o mundo poderia agora emendar uma parede para afastar as imperfeições do inverno" (*Imperious Caesar, dead and turned to clay, Might stop a hole to keep the wind away. Oh, that that earth, which kept the world in awe, Should patch a wall t' expel the winter's flaw!*).

> Eu sou muito bem-nascido para ser propriedade de alguém,
> para ser um segundo em controle,
> ou um servidor e instrumento útil
> de qualquer Estado soberano do mundo.[94]

[6] Quem se dedica inteiramente a seus companheiros parece-lhes inútil e egoísta; mas quem se dedica parcialmente a eles é chamado de benfeitor e filantropo.

[7] O que faz um homem comportar-se a favor do atual governo norte-americano? Respondo que não há como fazer isso sem se sentir envergonhado. Não consigo, nem por um instante, reconhecer essa organização política, que é também um governo *de escravos,* como *meu* governo.

[8] Todos os homens reconhecem o direito à revolução, ou seja, o direito de recusar lealdade e de resistir ao governo quando sua tirania ou sua ineficiência são grandes e insuportáveis. Mas quase todos dizem que tal não é o caso atualmente. Mas esse foi o caso, eles acreditam, na revolução de 75.[95] Se alguém me disser que se tratava de um mau governo porque tributava determinados produtos estrangeiros trazidos até seus portos, eu provavelmente não farei muito barulho por causa disso, pois sou capaz de sobreviver sem eles: todas as máquinas têm sua fricção e, possivelmente, isso já é suficiente para contrabalançar o mal. De qualquer maneira, seria um grande mal criar uma celeuma por esse motivo. Mas quando o atrito toma toda a máquina, e a opressão, e o roubo estão organizados, aí então eu digo que devemos nos livrar dessa máquina. Em outras palavras, quando um sexto da população de uma nação, que se comprometeu a ser o refúgio da liberdade, é formado por escravos e um país inteiro é injustamente invadido e conquistado por um exército estrangeiro e submetido à lei militar, acredito que está na hora de os homens honestos se rebelarem e fazerem uma revolução. O que torna esse dever mais urgente é o fato de que o país invadido não é nosso, mas nosso é o exército invasor[96].

---

94. Shakespeare, *rei João* (Ato V, Cena 2). Recusa de Luís quando o Cardeal Pandolf tenta convencê-lo a atacar Roma.
95. 1775, início da revolução norte-americana.
96. Invasão norte-americana do México na década de 1840.

[9] Paley[97], para muitos uma autoridade sobre questões morais, em seu capítulo "Dever de submissão ao governo civil", resume toda obrigação civil à conveniência; e continua:

> Enquanto o interesse de toda a sociedade exigir, ou seja, enquanto o governo estabelecido não puder ser resistido ou alterado sem inconveniência pública, é a vontade de Deus que o governo estabelecido seja obedecido e nada mais. Tendo aceitado esse princípio, a justiça de cada caso particular de resistência é reduzida, por um lado, a um cálculo da quantidade de perigo e da queixa e, por outro, à probabilidade e à despesa para corrigi-la.

Sobre tal assunto, diz ele, cada homem deve julgar por si mesmo. Mas Paley parece nunca ter contemplado os casos em que a regra da conveniência não se aplica, em que um povo, bem como um indivíduo, deve fazer justiça, custe o que custar. Se eu, injustamente, arrancar a boia de um homem que está se afogando, eu devo devolvê-la mesmo que eu me afogue. Isso, de acordo com Paley, seria inconveniente. Mas aquele que, nesse caso, poderia salvar sua própria vida, deveria perdê-la[98]. Essas pessoas devem parar de manter seus escravos e fazer guerra contra o México, mesmo que isso custe sua própria existência como povo.

[10] Na prática, as nações concordam com Paley; mas será que alguém imagina que Massachusetts está fazendo exatamente o que é correto para dar fim à atual crise?

"Uma prostituta da corte, uma meretriz vestida de prata, seu traseiro elevado, mas sua alma jogada na lama."[99]

---

97. William Paley (1743-1805), teólogo e filósofo inglês, os trechos seguintes foram retirados de *Principals of Moral and Political Philosophy* (*Princípios de filosofia moral e política*), 1785.
98. "Quem encontra a sua vida a perderá. Mas quem perde a vida por minha causa a achará". Bíblia. Mt 10:39.
99. *A tragédia do vingador* (1607-1608), ato IV, cena IV, 70-72: "A drab of state, a cloth-o'-silver slut,/To have her train borne up, and her soul trail in the dirt". Nesta cena, Vindice está indignado, pois sua irmã Castiza poderá tornar-se "a grande concubina do filho do duque". A peça foi publicada sem o nome do autor. Algumas edições levam o ano de 1606 e outras, 1608. A primeira atribuição de autor surgiu em 1656, Cyril Tourneur (?-1626), talvez por causa da única peça reconhecidamente dele, a saber, *The atheist's tragedy* (A tragédia do ateu), publicada em 1611. Mas, atualmente, sua autoria é atribuída a Thomas Middleton

Falando de forma prática, os opositores a uma reforma em Massachusetts não são cem mil políticos do Sul, mas cem mil comerciantes e agricultores, que estão mais interessados no comércio e na agricultura do que na humanidade e não estão preparados para fazer justiça, *custe o que custar,* aos escravos e ao México. Não brigo com inimigos que estão distantes, mas com aqueles que, de perto, em casa, cooperam e cumprem as ordens daqueles que estão muito longe, e sem os quais estes últimos seriam inofensivos. Estamos acostumados a dizer que as massas estão despreparadas; mas a melhora é lenta, porque os poucos não são nem materialmente mais sábios nem melhores que os muitos. Não é tão importante que muitos sejam tão bons quanto você, mas que exista alguma bondade absoluta em algum lugar, pois ela será o fermento de toda a massa[100]. Existem milhares de pessoas cuja *opinião* é contrária à escravidão e à guerra, mas que, de fato, nada fazem para acabar com elas; pessoas que, considerando-se filhos de Washington[101] e de Franklin[102], sentam-se com as mãos nos bolsos e dizem que não sabem o que fazer e nada fazem; aqueles que trocam até mesmo a questão da liberdade pela questão do livre comércio e leem tranquilamente os preços correntes com as notícias mais recentes sobre o México depois do jantar, e, talvez, adormeçam ao lidar com ambos. Qual é o preço atual de um homem honesto e patriota? Eles hesitam e se arrependem e, às vezes, eles escrevem petições, mas não fazem nada sério e que traga resultados. Eles irão esperar, bem-dispostos, até que outros consigam remediar o mal e, assim, não precisam mais se arrepender. No máximo, eles depositam votos baratos, mostram um semblante frágil e, quando pessoas corretas passam por eles, desejam boa sorte. Há novecentos e noventa e nove patronos da virtude para cada homem virtuoso; mas é mais fácil lidar com o verdadeiro proprietário de algo que com seu guardião temporário.

(1580-1627). Thoreau critica a subserviência de seu estado a um governo federal invasor de outras nações e mantenedor da escravidão.

100. Bíblia. Gl 9:5; 1 Co 5:6; Mt 13:33.
101. Geroge Washington (1732-1799), primeiro presidente dos Estados Unidos, considerado um dos pais fundadores da nação. Ele presidiu a convenção que elaborou a Constituição dos EUA.
102. Benjamin Franklin (1706-1790), inventor, escritor, filósofo, abolicionista e diplomata estadunidense. Uma figura importante na independência dos EUA. Ajudou na redação da Declaração de Independência dos EUA.

[11] Todo voto é uma espécie de jogo, semelhante ao jogo de damas ou ao gamão, com uma ligeira coloração moral, um jogo de certo e errado com questões morais; e, obviamente, as apostas o acompanham. O caráter dos eleitores não corre risco. Posso lançar meu voto por acaso e da forma como eu quiser, mas não estou extremamente preocupado se aquele direito deve prevalecer ou não. Estou disposto a deixá-lo para a maioria. A obrigação desta, portanto, nunca excede a conveniência. Até mesmo o votar a favor *do correto* é o mesmo que *fazer* nada por ele. Significa apenas que a pessoa está expressando de forma débil aos outros o seu desejo de que o correto deve prevalecer. Um homem sábio não deixa o correto à mercê do acaso, nem deseja que ele prevaleça pelo poder da maioria. Há pouca virtude na ação das massas. Quando a maioria resolver votar a favor da abolição da escravatura, será porque já é indiferente à escravatura ou porque não há mais muita escravidão para ser abolida por seu voto. *Eles* serão, então, os únicos escravos. Somente quem afirma a sua própria liberdade pode, por *seu* voto, apressar a abolição da escravatura.

[12] Ouvi falar sobre uma convenção que será realizada em Baltimore[103], ou em outro lugar, para a seleção de um candidato à Presidência, composta principalmente por editores e políticos por profissão; mas eu pergunto: seja qual for a decisão atingida, qual importância isso terá para um homem independente, inteligente e respeitável? Não deveríamos ter, não obstante, a vantagem de sua sabedoria e honestidade? Será que não poderíamos contar com alguns votos independentes? Não é verdade que muitas pessoas no país não frequentam as convenções? Mas não: parece-me que o homem chamado de respeitável muda imediatamente de posição e se desespera com seu país, quando seu país tem mais um motivo para desesperar-se com ele. Ele, imediatamente, adota um dos candidatos assim selecionados como o único *disponível*, provando que ele mesmo está *disponível* para quaisquer objetivos que o demagogo tenha. Seu voto não vale mais do que o de qualquer estrangeiro sem princípios ou de um mercenário nativo que possa ser comprado. Louvo o homem que é *homem* e aquele que, como diz o meu vizinho, tem fibra! As nossas estatísticas são falhas: a população está muito grande. Quantos *homens* existem por mil metros quadrados neste país?

---

103. Em 1848, ocorreu a convenção nacional do Partido Democrata para a escolha de um candidato à presidência. Lewis Cass foi nomeado, mas foi derrotado por Zachary Taylor (Partido Whig), que assumiu a presidência em 4 de março de 1849.

Quase nenhum. A América do Norte não oferece incentivos para que outros homens se estabeleçam aqui? O norte-americano tornou-se membro da Odd Fellow[104] – que pode ser reconhecido pelo desenvolvimento de seu órgão de sociabilidade, pela manifesta falta de intelecto e por sua alegre autoconfiança – cuja primeira e principal preocupação, ao vir ao mundo, é ver se as casas de caridade estão em bom estado e, antes mesmo de vestir legalmente o seu traje viril, começa a coletar fundos de apoio às viúvas e aos órfãos que possam existir; ele, em suma, aventura-se a viver somente por meio da ajuda da Empresa de Seguros e Mútuos, a qual se comprometeu a enterrá-lo decentemente.

[13] Não é dever de um homem, por uma questão lógica, dedicar-se à erradicação de qualquer erro, nem mesmo do maior de todos; ele ainda pode corretamente estar engajado em outras preocupações, mas é seu dever, ao menos, lavar as mãos e – caso não pense mais nisso – não oferecer seu apoio prático. Se eu me dedicar a outras atividades e contemplações, primeiro preciso atentar, pelo menos, para que eu não as realize sentado em cima dos ombros de outro homem. Devo descer dele primeiro para que ele também possa ir atrás de suas contemplações. Veja que incoerência bruta toleramos. Ouvi alguns de meus concidadãos dizer: "Eu queria ter sido convocado para acabar com a insurreição de escravos ou para ir para o México, só para eles verem que eu não iria"; e, ainda assim, cada um desses homens forneceram um substituto de forma direta com sua fidelidade e indireta, pelo menos, com seu dinheiro. O soldado que se recusa a servir em uma guerra injusta é aplaudido por aqueles que não se recusam a sustentar um governo injusto que faz guerra; é aplaudido por aqueles cuja própria lei e autoridade ele despreza e desdenha; como se o Estado estivesse tão arrependido a ponto de contratar alguém para castigá-lo enquanto peca, mas não para deixar de pecar. Assim, em nome da Ordem e do Governo Civil, todos prestamos homenagens e apoiamos nossa própria maldade. Depois do primeiro rubor por ter pecado, surge a indiferença; e, depois de ser considerado imoral, ele passa a ser visto como *a*moral e não totalmente desnecessário à vida que construímos.

---

104. Odd Fellows, Ordem Independente dos Odd Fellows, é uma organização filantrópica e humanitária, fundada em 1819 (em Baltimore, USA), e originada das Organizações dos Oddfellows da Inglaterra (século XVIII).

[14] O maior e mais permanente erro necessita da mais desinteressada virtude para que possa se sustentar. Os nobres são os que têm mais chance de incorrer na leve reprovação que se faz à virtude do patriotismo. Aqueles que desaprovam o caráter e as medidas de um governo, mas cedem a ele sua lealdade e apoio são, sem dúvida, seus partidários mais conscientes e, frequentemente, os mais sérios obstáculos à reforma. Alguns estão peticionando ao Estado para que a União seja dissolvida[105] em detrimento das requisições do Presidente[106]. Por que eles mesmos não dissolvem a União entre eles e o Estado, deixando de pagar sua parte ao Tesouro? Não estão eles na mesma relação com o Estado que este com a União? Não são as mesmas razões que impedem o Estado de resistir à União as que os impedem de opor-se ao Estado?

[15] Como alguém pode satisfazer-se meramente em apenas ter uma opinião e ao mesmo tempo desfrutá-la? Existe algum prazer nisso, se ele acredita que está sendo lesado? Se você for trapaceado por seu vizinho por causa de um dólar apenas, você não ficará satisfeito em apenas saber que foi enganado, ou em apenas dizer que você foi enganado, ou mesmo escrever-lhe uma petição para que ele pague a dívida; você irá tomar medidas eficazes e imediatas para obter de volta o valor total e garantir que não seja novamente enganado. A ação por princípio – a percepção e o desempenho do corretos – altera as coisas e as relações; ela é essencialmente revolucionária e não coexiste inteiramente com qualquer coisa do passado. Ela não apenas separa Estados e Igrejas, separa famílias; sim, ela separa o *indivíduo*, separando o que é diabólico do que nele é divino.

[16] Existem leis injustas: devemos nos contentar em obedecê-las, ou será que devemos nos esforçar para alterá-las, respeitando-as até que tenhamos obtido sucesso ou, então, devemos transgredi-las de uma vez por todas? Os homens, geralmente, sob um governo como este, acham que deveriam esperar até que conseguissem persuadir a maioria a alterá-las. Eles acreditam que se resistirem, o remédio será pior do que o mal. Mas

---

105. Referência à escravidão. O lema dos abolicionistas era *No union with slaveholders* (Não à união enquanto houver donos de escravos). No entanto, Thoreau oferece um argumento contra o pagamento de impostos como forma de protesto, não como argumento contra a escravidão.

106. James K. Polk (1795-1849) foi o 11º presidente dos EUA entre 1845-1849. Ele implementou uma lei da mordaça, proibindo debater-se sobre as petições dos abolicionistas.

é culpa do próprio governo que o remédio *seja* pior do que a mal. *Ele* o piora. Por que ele não antecipa e prevê a reforma? Por que ele não valoriza sua sábia minoria? Por que ele grita e resiste mesmo antes de estar ferido? Por que ele não incentiva seus cidadãos a estar alertas para apontar suas falhas e *fazer* melhor do que eles? Por que ele sempre crucifica o Cristo, excomunga Copérnico[107] e Lutero[108] e declara Washington e Franklin[109] como rebeldes?

[17] Alguém poderia imaginar que a negação deliberada e de forma prática de sua autoridade seria a única infração jamais contemplada por seu governo; mas se este é o caso, por que ele não lhe atribuiu uma punição definitiva, adequada e proporcional? Se um homem sem bens se recusar apenas uma vez a entregar nove xelins ao Estado, ele será posto na prisão por um período ilimitado por todas as leis que conheço, as quais são estabelecidas pelo critério exclusivo de quem o colocou lá; mas se ele roubasse para o Estado noventa vezes nove xelins, seria rapidamente posto em liberdade.

[18] Se a injustiça é parte do atrito necessário da máquina do governo, deixe estar, deixe estar: ela acabará por desgastar-se aos poucos – certamente a máquina irá desgastar-se. Se a injustiça tivesse uma mola, ou uma polia, ou uma corda, ou uma manivela, exclusivamente para si mesma, então você poderia talvez se perguntar se o remédio seria pior do que o mal; mas se ela tem tal natureza que requer que você seja o agente da injustiça do outro, então, eu digo, descumpra a lei. Que sua vida seja a contrafricção que quebrará a máquina. O que tenho de fazer a todo custo é cuidar para que eu não faça o mal que condeno.

[19] Quanto a adotar as formas oferecidas pelo Estado para remediar o mal, eu não conheço tais formas. Elas tomam muito tempo, mais que a vida de um homem e eu tenho outros assuntos a tratar. Eu não vim a este mundo somente para torná-lo um bom lugar para viver, mas para viver

---

107. Nicolau Copérnico (1473-1543), polonês, fundador da astronomia moderna; desenvolveu a teoria heliocêntrica do Sistema solar. Sendo cônego da igreja católica, ele dedicou sua obra *Da revolução de esferas celestes* (publicada em 1543) ao Papa Paulo III. Copérnico não foi excomungado.

108. Martinho Lutero (1483-1546), monge agostiniano e líder da reforma protestante, excomungado pelo Papa Leão X em 1521.

109. Washington e Franklin. Ver nota do parágrafo 10.

nele, seja bom ou ruim. Um homem não precisa fazer tudo, mas algo; e porque não é possível fazer *tudo*, ele não deve necessariamente fazer *algo* errado. Não é da minha conta fazer petições ao governador ou ao legislador, assim como não é da conta deles fazer petições a mim; então, tendo em vista que o governo não oferece formas para me ouvir, o que eu deveria fazer? Sua própria Constituição é o mal. Isso pode parecer ríspido, teimoso e não conciliatório, mas é tratar com o maior carinho e consideração o único espírito que pode apreciá-lo ou merecê-lo. Então, toda mudança é para melhor, como o nascimento e morte que abalam o corpo.

[20] Não hesito em dizer que aqueles que se intitulam abolicionistas devem retirar seu apoio ao governo de Massachusetts imediatamente e de forma efetiva, tanto o pessoal quanto o material, e não esperar até que eles consigam constituir uma maioria de um que lhes dê o direito de prevalecer. Acho que já é suficiente que tenham Deus do lado deles, sem esperar por aquele outro. Além disso, qualquer homem mais correto que seus vizinhos já é uma maioria de um.

[21] Eu encontro com o governo norte-americano, ou seu representante, o governo do Estado, direta e pessoalmente, uma vez por ano, não mais, na pessoa do seu coletor de impostos. Esse é o único modo que um homem em minha posição necessariamente o encontra e então ele diz reconhecer-me distintamente; e a maneira mais simples, mais eficaz e, na presente disposição dos assuntos, o modo mais indispensável de tratar com ele sobre esse tópico, isto é, a forma de alguém expressar sua pequena satisfação e amor a ele é negá-lo. Meu vizinho civil, o coletor de impostos, é o homem que tenho de lidar – pois, afinal de contas, eu brigo com homens e não com o papel – e ele optou voluntariamente em ser um agente do governo. Como ele saberá bem o que ele é e faz como agente do governo, ou como um homem, até que seja obrigado a considerar se ele deve me tratar, seu vizinho, para quem ele tem respeito, como um homem bem-disposto e vizinho, ou como um maníaco e perturbador da paz, e ver se ele pode superar essa obstrução ao seu estado de vizinho sem um pensamento mais rude e impetuoso ou um discurso correspondente com sua ação? Eu sei bem que se mil, cem ou dez homens que conheço – se apenas dez homens *honestos* – sim, se *um* homem honesto no presente estado de Massachusetts *deixasse de possuir escravos* e, verdadeiramente, se retirasse dessa sociedade e fosse trancado na cadeia municipal, isso, de fato, já seria a abolição da escravi-

dão na América. Pois mesmo que comece de forma muito pequena, o que se faz bem uma vez, está feito para sempre. Mas preferimos falar sobre isso: pois podemos dizer que é nossa missão. A reforma mantém muitas dezenas de jornais a seu serviço, mas não um homem. Caso o meu estimado vizinho, o embaixador do Estado[110] – que dedicará seus dias para resolver as questões sobre os direitos humanos na Câmara do Conselho – em vez de ser ameaçado com as prisões da Carolina, se tornasse prisioneiro de Massachusetts, esse Estado que está tão ansioso para impingir o pecado da escravidão a seu estado-irmão – embora neste momento, ele consiga ver apenas um ato de inospitalidade onde será o local da uma briga com ele – não renunciaria ao tema completamente no próximo inverno.

[22] Em um governo que aprisiona qualquer um injustamente, o verdadeiro lugar de um homem justo também é a prisão. Atualmente, o lugar apropriado – o único lugar que Massachusetts oferece a seus espíritos mais livres e menos desesperados – são as suas prisões, onde serão colocados e excluídos do Estado por seu próprio ato, assim como já foram deixados de fora por seus princípios. É lá que encontraremos o escravo fugitivo e o prisioneiro mexicano, em liberdade condicional, e o índio, que chegou para pleitear pelos erros cometidos contra sua raça; nesse terreno separado, porém mais livre e honroso, onde o Estado coloca aqueles que não estão *a favor*, mas *contra* ele – a única casa de um Estado escravocrata onde um homem livre pode tolerar com honra. Se as pessoas pensam que sua influência seria perdida lá, e suas vozes já não afligiriam a orelha do Estado, que eles não seriam como inimigos dentro de seus muros, não sabem quanto a verdade é mais forte que o erro, nem quanto mais eloquente e eficaz ela pode combater a injustiça que tenha experimentado um pouco em sua própria carne. Deposite todos os seus votos, não apenas uma tira de papel, mas toda a sua influência. Uma minoria é impotente enquanto se conforma à maioria e, então, não é nem uma minoria; mas é irresistível quando ela entope as tubulações com todo o seu peso. Se a alternativa é manter todos os homens justos na prisão ou desistir da guerra e da

---

110. Samuel Hoar (1778-1856) de Concord, enviado pelo legislativo de Massachusetts para Charleston na Carolina do Sul, em 1844, com o objetivo de protestar contra a lei deste estado, que autorizava a captura e a escravização de marinheiros negros e libertos, mas foi forçado a voltar. Sua filha, Elizabeth Sherman Hoar (1814-1878) era amiga da família Emerson e amiga de infância de Thoreau.

escravidão, o Estado saberá bem qual alternativa escolher. Se mil homens deixassem de pagar seus impostos neste ano, isso não seria uma medida violenta e sangrenta como a ação de pagá-los e de permitir que o Estado cometesse violência e derramasse sangue inocente. Isso é, na verdade, a definição de uma revolução pacífica, se tal for possível. Se o coletor de impostos ou qualquer outro agente público pergunta-me, tal como já o fez, "Mas o que devo fazer?", minha resposta é, "Se você realmente deseja fazer qualquer coisa, renuncie ao seu cargo". Quando o súdito recusa a oferecer sua lealdade e o funcionário renuncia ao seu cargo, então a revolução é realizada. Mas, suponhamos que haja sangue; não haveria também um tipo de sangue derramado sempre que a consciência é ferida? Por meio dessa ferida, a verdadeira virilidade do homem e imortalidade fluem, e ele sangra até a morte eterna. Eu vejo esse sangue fluindo agora.

[23] Falei sobre a prisão do transgressor e não sobre a apreensão de seus bens – embora ambos sirvam para a mesma finalidade – porque aqueles que afirmam o direito mais puro e que, consequentemente, são mais perigosos para um Estado corrupto, não costumam gastar muito tempo acumulando bens. A esses, o Estado oferece comparativamente poucos serviços e um pequeno imposto lhes parece exorbitante, particularmente se eles são obrigados a ganhá-lo pelo trabalho manual. Se houvesse alguém que vivesse inteiramente sem necessitar de dinheiro, o próprio Estado hesitaria em exigir isso dele. Mas o homem rico – para não fazer qualquer comparação injusta – sempre está vendido à instituição que o torna rico. Falando de forma absoluta, quanto mais dinheiro, menos virtude, pois o dinheiro existe entre um homem e seus objetos e o dinheiro os obtém para ele; e não foi, certamente, nenhuma grande virtude obtê-lo. O dinheiro deixa de lado muitas perguntas que, em outro caso, a pessoa seria obrigada a responder; enquanto a única nova questão que coloca é difícil, mas supérflua, isto é, como gastá-lo. Assim, o terreno moral da pessoa é tirado de seus pés. As oportunidades de vida ficam diminuídas na proporção em que os conhecidos "meios" são aumentados. A melhor coisa que um homem pode fazer para sua cultura, quando é rico, é esforçar-se para realizar o que desejava quando era pobre. Cristo respondeu aos herodianos de acordo com sua condição. "Mostre-me o dinheiro de seu tributo", disse ele – e uma pessoa retirou um centavo de seu bolso –; se você usar o dinheiro que tem a imagem de César e que ele pôs em circulação e deu

valor, ou seja, *se vocês são homens do Estado* e aproveitam as vantagens do governo de César, então, paguem a ele com algo que pertence a ele quando for exigido; "Dai, pois, a César o que é de César e a Deus o que é de Deus"[111] – e assim não os deixou mais sábios do que antes sobre qual era qual, pois eles não queriam saber.

[24] Quando converso com os mais livres de meus vizinhos, percebo que tudo o que eles podem dizer sobre a magnitude e a gravidade de uma questão e sobre sua preocupação a respeito da tranquilidade pública, eles dizem que estão sujeitos à proteção do governo existente e temem as consequências da desobediência a ele quanto aos seus bens e famílias. De minha parte, não posso dizer que já tenha acreditado na proteção do Estado. Mas, se eu negar a autoridade do Estado quando ele me apresenta a conta dos impostos, ele, rapidamente, irá tomar todos os meus bens e desaparecer com eles; dessa forma, irá assediar a mim e a meus filhos sem parar. Isso é difícil. Isso torna impossível para um homem viver honestamente e, ao mesmo tempo, confortavelmente em aspectos exteriores. Não valerá a pena acumular bens que certamente serão novamente perdidos. É preciso arrendar ou ocupar um terreno qualquer, plantar uma pequena safra e consumi-la rapidamente. Você deve viver dentro de si mesmo, depender de si mesmo, sempre arrumado e pronto para partir e não ter muitos assuntos pendentes. Um homem pode enriquecer na Turquia, caso ele seja em todos os aspectos um bom súdito do Governo turco. Confúcio[112] disse: "Se um Estado for governado pelos princípios da razão, a pobreza e a miséria serão temas vergonhosos; se um Estado não for governado pelos princípios da razão, as riquezas e as honrarias serão temas vergonhosos"[113]. Não: até que a proteção de Massachusetts seja estendida a mim até algum porto distante do Sul, onde minha liberdade estiver em perigo, ou até que eu possa me dedicar somente a construir uma propriedade aqui pela empreitada pacífica, poderei me recusar a oferecer lealdade a Massachusetts e a seu direito sobre minha propriedade e vida. Custa-me menos em todos os sentidos incorrer em pena de desobediência ao Estado, do que me custaria obedecê-lo. Sentir-me-ia como se eu valesse menos naquele caso.

---

111. Mateus 22:19-22. O argumento de Thoreau é que devemos pagar os impostos quando concordamos com as políticas do Estado.

112. Confúcio (551-479 a.C.), filósofo chinês.

113. *Os Analectos de Confúcio*, 8:13 (também conhecido como *Diálogos de Confúcio*).

[25] Há alguns anos, o Estado veio ao meu encontro e ordenou que eu pagasse em nome da Igreja certa quantia para apoiar um clérigo cuja pregação meu pai participava, mas nunca eu mesmo. "Pague", ele disse, "ou será preso na cadeia". Recusei-me a pagar. Mas, infelizmente, outro homem achou por bem pagá-lo. Não vejo motivo para que o professor seja tributado para sustentar o padre e não o padre, ao professor; pois não sou professor do Estado, mas sustento-me por subscrição voluntária. Não vejo por que o liceu não pode apresentar sua conta de imposto e fazer que o Estado aceite sua demanda, como faz a Igreja. No entanto, a pedido dos membros do Conselho Municipal, dignei-me a fazer uma declaração como esta por escrito: "Saibam todos pela presente que eu, Henry Thoreau, não desejo ser considerado membro de nenhuma sociedade a qual não tenha me associado". Entreguei-a para o Secretário Municipal; e ele a tem. O Estado, tendo, portanto, sabido que eu não queria ser considerado membro daquela Igreja, nunca mais me fez aquela exigência, mas disse que deveria manter sua presunção inicial naquela época. Se eu soubesse nomeá-las, eu deveria ter escrito os detalhes de todas as sociedades que eu não participava, mas nunca soube onde encontrar uma lista completa.

[26] Não pago o imposto de votação[114] há seis anos. Certa vez, fui colocado em uma prisão por esse motivo, por uma noite; e, enquanto eu observava as sólidas paredes de pedra, com dois ou três pés de espessura, a porta de madeira e ferro, de um pé de grossura e o ferro fundido que fadigava a luz, não pude deixar de ser atingido com a tolice dessa instituição, que me tratou como se eu fosse apenas carne, sangue e ossos para ser preso. Concluí, com o tempo, que esse era o melhor uso que o Estado podia fazer de mim e que nunca tinha pensado em requisitar meus serviços de alguma outra forma. Eu vi que, se existia uma parede de pedra entre meus companheiros da cidade e eu, havia uma ainda mais difícil de escalar ou romper antes de conseguirem ser livres como eu. Eu não me senti, nem por um momento, confinado, e as paredes pareciam um grande desperdício de pedra e argamassa. Parecia que, dentre todos os meus concidadãos, apenas eu havia pagado o imposto. Eles claramente não sabiam como me tratar, mas comportaram-se como pessoas mal-educadas. Em cada ameaça e em cada elogio havia um erro; porque eles pensavam que o meu principal

---

114. *Poll tax*: esse imposto era composto e podia conter impostos do Estado, do condado e do município. Não era um imposto federal.

desejo era estar do outro lado daquela parede de pedra. Eu não tinha nada que fazer senão sorrir o esforço que faziam para trancar a porta de minhas meditações, o que os perseguia novamente sem obstáculos ou oposições, e *elas* eram realmente tudo o que havia de perigoso. Como não conseguiam me atingir, resolveram punir meu corpo; assim como os meninos, quando abusam do cão de alguém que possuem algum despeito e não conseguem atingir. Percebi que o Estado é abobalhado, tímido como uma mulher solitária com suas colheres de prata, e que não distingue os amigos dos inimigos, e perdi todo o meu respeito restante em relação a ele, e tive pena.

[27] Assim, o Estado nunca confronta intencionalmente a consciência intelectual ou moral de um homem, mas apenas seu corpo, seus sentidos. Ele não está equipado com uma inteligência superior ou honestidade, mas com força física superior. Não nasci para ser forçado. Respirarei de minha própria maneira. Vejamos quem é mais forte. Que força tem uma multidão? Somente podem me forçar aqueles que obedecem a uma lei maior que a minha. Querem forçar-me a tornar-me como eles próprios. Nunca ouvi falar de *homens* serem *forçados* pelas massas a viver de uma maneira ou de outra. Que tipo de vida será essa? Quando encontro um governo que me diz, "seu dinheiro ou sua vida", por que devo apressar-me e entregar o dinheiro? Ele talvez esteja em apuros e não sabe o que fazer: não posso ajudar. Ele deve ajudar a si mesmo; fazer como eu. Não vale a pena choramingar por isso. Não sou responsável pelo bom funcionamento da maquinaria da sociedade. Não sou o filho do engenheiro. Percebo que quando uma bolota e uma castanha caem lado a lado, uma não fica parada para abrir caminho para a outra, mas ambas obedecem suas próprias leis, e desabrocham e florescem da melhor forma possível, até que uma, por acaso, ofusque e destrua a outra. Se uma planta não pode viver de acordo com sua natureza, ela morre; o mesmo vale para o homem.

[28] A noite, na prisão, foi algo bastante novo e interessante. Quando cheguei, os prisioneiros em suas mangas de camisa estavam desfrutando de um bate-papo e do ar da noite na porta de entrada. Mas o carcereiro disse: "Venham, rapazes, é hora de trancá-los"; e então eles se dispersaram, e ouvi o som de seus passos, cada um deles retornando para suas celas ocas. Meu companheiro de quarto foi apresentado a mim pelo carcereiro como "Um sujeito de classe e um homem esperto". Quando a porta foi trancada, ele me mostrou onde pendurar o meu chapéu e a forma como

ele resolvia seus problemas ali. Uma vez por mês, os quartos eram caiados de branco; a cela em que eu estava era o quarto mais branco de todos, o mais bem decorado de forma simples e, provavelmente, o mais arrumado da cidade. Ele naturalmente queria saber de onde eu vinha e por que eu estava lá; assim, após contar-lhe, foi minha vez de perguntar como ele havia chegado ali, presumindo que ele fosse um homem honesto, claro, pois da forma que o mundo está, eu acredito que era. "Ah", ele disse, "eles estão me acusando de incendiar um celeiro; mas eu não fiz isso". O que pude descobrir foi que ele, provavelmente, adormeceu bêbado em um celeiro enquanto fumava seu cachimbo; e assim o celeiro pegou fogo. Ele tinha a reputação de ser um homem inteligente, já estava lá havia cerca de três meses, à espera do dia de seu julgamento e teria de esperar por muito mais tempo; mas estava bem domesticado e contente, uma vez que vivia ali de graça e acreditava que estava sendo bem tratado.

[29] Ele olhava por uma janela e eu pela outra. Notei que, se alguém ficasse ali por muito tempo, seu principal interesse seria olhar pela janela. Eu li rapidamente todos os panfletos que foram deixados lá, examinei por onde os antigos prisioneiros tinham fugido e onde uma grade tinha sido serrada; ouvi a história dos vários ocupantes do quarto e assim descobri que até mesmo aqui haviam histórias e fofocas que nunca circulavam além dos muros da prisão. Provavelmente essa é a única casa da cidade em que são compostos versos que são, posteriormente, postos em circulação, mas nunca publicados. Foi-me mostrado uma longa lista de versos compostos por alguns jovens que tinham sido pegos em uma tentativa de fuga e que se vingaram cantando a tentativa.

[30] Eu retirei o máximo que pude de meu companheiro de cela, pois temia não mais encontrá-lo; mas, depois de um tempo, ele mostrou-me qual era minha cama e pediu-me para apagar a luz.

[31] Passar uma noite ali foi como viajar para um país distante, que nunca imaginei conhecer. Foi como se eu nunca tivesse ouvido o relógio da cidade bater antes, nem os sons noturnos da vila, pois dormíamos com as janelas abertas, cujas grades ficavam do lado de fora. Foi como ver a minha aldeia natal à luz da Idade Média. Nossa Concord foi transformada em um fluxo do Rio Reno e as paisagens de cavaleiros e castelos passavam ante meus olhos. Eram as vozes dos antigos moradores do burgo que ouvi nas ruas. Eu era um espectador e ouvinte involuntário de tudo o que era

feito e dito na cozinha da pousada ao lado – uma experiência inteiramente nova e rara para mim. Era uma visão mais próxima da minha cidade natal. Eu estava totalmente dentro dela. Eu nunca tinha visto as suas instituições antes. Esta é uma de suas instituições características, pois aqui é um Condado. Comecei a compreender os problemas de seus habitantes.

[32] Pela manhã, o café da manhã foi entregue pelo buraco da porta em uma pequena bandeja quadrada e oblonga de lata, feita para caber uma caneca de chocolate, um pão integral e uma colher de ferro. Quando pediram para devolver as coisas, por minha inexperiência devolvi o pão que eu não tinha comido, mas meu camarada o pegou e disse que eu deveria guardá-lo para o almoço ou para o jantar. Logo depois, levaram-no para trabalhar na fenação de um campo vizinho, para onde ele ia todos os dias e não voltava antes do meio-dia; então ele me deu bom-dia, dizendo que duvidava que me veria novamente.

[33] Quando saí da prisão – pois alguém interferiu e pagou o imposto –, não percebi grandes mudanças do lado de fora, como aqueles que entraram jovens e de lá saíram cambaleantes e com os cabelos grisalhos; mas, ainda assim, uma mudança no cenário apresentou-se ante meus olhos – na cidade, no estado e no país – maior do que qualquer outra que poderia ter sido causada pelo tempo. Consegui notar de forma mais distinta o Estado em que eu morava. Percebi até que ponto era possível confiar nas pessoas dentre as quais eu tinha como bons vizinhos e amigos; que a amizade deles servia apenas para o verão, que eles não estavam muito afeitos a fazer as coisas certas; que eles eram uma raça distinta de mim pelos preconceitos e pelas superstições, como são os chineses e os malaios; que nos sacrifícios que faziam pela humanidade não corriam quaisquer riscos, nem mesmo aos seus bens; que, por fim, eles não eram tão nobres, mas tratavam o ladrão da mesma forma que ele os tinha tratado, e esperavam salvar sua própria alma por meio de certas observâncias externas, de algumas orações e por andar em um certo caminho correto vez ou outra. Talvez eu esteja julgando meus vizinhos de forma muito dura, pois eu acredito que a maioria deles nem sabe que tais instituições, como a prisão, existem na vila.

[34] Antigamente, quando um devedor pobre saía da cadeia, era costume em nossa vila que seus conhecidos fossem saudá-lo, olhando-o por entre seus dedos cruzados, os quais representavam a grade de uma

janela de prisão, "como vai?". Meus vizinhos não me saudaram dessa forma, mas olharam primeiro para mim e, em seguida, uns para os outros, como se eu tivesse retornado de uma longa viagem. Fui colocado na prisão como se eu estivesse indo até o sapateiro buscar um sapato que já estava arrumado. Na manhã seguinte, quando me soltaram, resolvi terminar a minha missão e, depois de calçar meus sapatos arrumados, juntei-me a um grupo de coletores de mirtilo, que estava impaciente para colocar-se sob minha conduta; e, em meia hora – pois o cavalo foi rapidamente abordado –, eu estava no meio de um campo de Huckleberry, em uma de nossas colinas mais altas, a mais de 3 quilômetros de distância; ali, eu não via o Estado em nenhum lugar.

[35] Esta é toda a história de "Minhas prisões".

[36] Nunca me recusei a pagar o imposto de estradas, porque desejo tanto ser um bom vizinho quanto um mal súdito; e, sobre o apoio às escolas, estou fazendo minha parte para educar meus compatriotas neste exato momento. Não me recuso a pagar o imposto por causa de alguma particularidade dele. Simplesmente quero recusar minha lealdade ao Estado, retirar-me e ficar distante dele de modo efetivo. Não me importo em rastrear meus dólares, se eu puder, até que ele compre um homem ou um mosquete para atirar em alguém – o dólar é inocente –, mas estou preocupado em rastrear os efeitos de minha lealdade. Na verdade, eu silenciosamente declaro guerra ao Estado do meu jeito, embora, como é habitual nestes casos, eu ainda o use e me aproveite dele da forma que eu puder.

[37] Se outros pagam o imposto que me é exigido, por serem simpáticos ao Estado, eles somente estão fazendo o que já fizeram em seus próprios casos, ou melhor, são cúmplices da injustiça em uma medida maior do que a requerida pelo Estado. Se pagam o imposto por um interesse equivocado no indivíduo tributado para salvar a sua propriedade ou impedir sua ida para a prisão, é porque não têm levado em conta sabiamente o quanto eles deixam que seus sentimentos particulares interfiram com o bem público.

[38] Essa, então, é a minha posição neste momento. Mas, para que nossa ação não se torne enviesada por obstinação, ou por um respeito indevido às opiniões dos homens, nunca há como estarmos demasiadamente em guarda neste caso. Façamos apenas o que seja oportuno e pertença unicamente a nós.

[39] Às vezes, imagino que a intenção dessas pessoas é boa, elas são apenas ignorantes; elas fariam coisas melhores se soubessem como: por que obrigar seus vizinhos a tratá-lo da forma que não desejam? Mas acho que isso não é razão para que eu aja da mesma forma que eles ou permita que os outros sintam dores muito maiores e de um tipo diferente. Eu, às vezes, também digo a mim mesmo: quando muitos milhões de homens, sem agressividade, sem má vontade, sem sentimentos pessoais de quaisquer espécies exigirem de você apenas alguns xelins, pois tal é o temperamento deles, sem a possibilidade de retratar-se ou alterar sua demanda presente e sem que você possa recorrer aos outros milhões, por que expor-se a esta força bruta e avassaladora? Você que não resiste ao frio e à fome, aos ventos e às ondas de forma tão obstinada. Você aceita discretamente mil necessidades semelhantes. Você não coloca as mãos no fogo. Mas da mesma forma que não considero isso como uma força totalmente bruta, mas em parte uma força humana, e considero que tenho relações com esses milhões e tantos outros milhões de homens e não com as coisas meramente brutas e inanimadas, vejo que apelar é possível; primeiro e de forma direta ao criador deles e, segundo, a eles mesmos. Mas, se eu colocar minha mão de maneira deliberada no fogo, não haverá como apelar ao fogo ou ao fabricante do fogo, e a culpa será somente minha. Se eu pudesse convencer-me de que tenho o direito de contentar-me com os homens como eles são e tratá-los adequadamente, e não, em alguns aspectos, de acordo com meus requisitos e expectativas sobre como eles e eu deveríamos ser, então, como um bom muçulmano e fatalista[115], eu deveria esforçar-me para ficar satisfeito com as coisas da maneira que são e dizer que essa é a vontade de Deus. E, acima de tudo, há uma diferença entre resistir contra isso e contra uma força puramente bruta ou natural, à qual posso resistir com algum sucesso; mas não espero, como Orfeu[116], mudar a natureza das rochas, das árvores e dos animais.

---

115. Mulçumano e fatalista.
116. Orfeu, personagem da Mitologia Grega, filho da musa Calíope. Era poeta e tocava lira. Casou-se com Eurídice. Depois da morte trágica de sua esposa, resolveu buscá-la no inferno. Para chegar lá e convencer Hades a devolvê-la ao mundo dos vivos, Orfeu encantou e ultrapassou todos os obstáculos com sua lira, a qual era capaz de encantar rochas, árvores e animais.

[40] Não quero brigar com nenhum homem ou nação. Não quero fazer distinções extremamente sutis ou acreditar que sou melhor que meus vizinhos. Posso dizer que busco, na verdade, até mesmo uma desculpa para conformar-me com as leis de meu país. Estou extremamente preparado para me conformar a elas. Na verdade, tenho motivos para suspeitar de mim mesmo em relação a esse tópico; e, a cada ano, quando chega o coletor de impostos, vejo-me disposto a revisar as ações e posições dos governos geral e do Estado em relação ao espírito do povo, para encontrar um pretexto para minha conformidade.

> Devemos amar nosso país como aos nossos pais,
> E, se em algum momento, deixamos que
> Nosso amor ou cuidados não os honre,
> Devemos respeitar as consequências e ensinar à alma
> As questões da consciência e da religião,
> E não o desejo de poder ou de vantagens.[117]

[41] Eu acredito que, em breve, o Estado será capaz de tirar todo o trabalho desse tipo de minhas mãos e, então, serei tão bom patriota como meus companheiros de pátria. Do ponto de vista mais baixo, a Constituição, com todos os seus defeitos, é muito boa; a lei e os tribunais são muito respeitáveis; devo até mesmo agradecer por este Estado e este governo norte-americano que, conforme muita gente descreve, são, em muitos aspectos, muito raros e admiráveis; mas do ponto de vista um pouco mais alto, eles são como eu os descrevi; de um ponto de vista mais alto ainda, e do ponto de vista mais alto de todos, quem dirá o que são ou se vale a pena considerá-los ou pensar sobre eles?

[42] No entanto, o governo não me importa muito e, a ele, farei o menor número possível de observações. Não são muitos os momentos em que vivo sob um governo, até mesmo neste mundo. Se um homem pensa, fantasia e imagina de maneira livre e sem compromissos, nunca concordará por muito tempo com o que não é o que parece ser; e, dessa forma, não poderá ser interrompido por governantes ou reformadores imprudentes.

---

117. George Peele (1557?-1597?). *Battle of Alcazar* (Batalha de Alcazar). Em inglês: *We must affect our country as our parents,/ And if at any time we alienate/ Our love or industry from doing it honor,/ We must respect effects and teach the soul/ Matter of conscience and religion,/ And not desire of rule or benefit.*

[43] Sei que a maioria dos homens pensa diferente de mim; mas aqueles cujas vidas estão dedicadas por suas profissões ao estudo desses temas ou afins, contentam-me tão pouco como os outros. Estadistas e legisladores, tão isolados em suas instituições, nunca pensam nelas de forma clara e aberta. Eles falam em uma sociedade em movimento, mas não têm onde descansar sem ela. Eles podem ser homens de certa experiência e discernimento e, sem dúvida, inventaram sistemas engenhosos e até úteis, pelos quais agradecemos sinceramente, mas toda a sua sagacidade e utilidade jaz dentro de certos limites estreitos. Eles costumam esquecer-se de que o mundo não é regido por política e conveniência. Webster[118] não desaprova o governo e, por esse motivo, não pode falar com autoridade sobre ele. Suas palavras são sabedoria para os legisladores que não pensam em realizar nenhuma reforma essencial no governo existente; mas para os pensadores e aqueles que legislam para o presente e para o futuro, Webster nunca tocou no tema. Conheço pessoas cujas especulações serenas e sábias sobre este tema logo revelam os limites da abrangência e a receptividade da mente de Webster. Ainda assim, em comparação às profissões mais baratas da maioria dos reformadores e à sabedoria e eloquência ainda mais baratas dos políticos em geral, suas observações são quase que as únicas palavras sensíveis e valiosas; e agradecemos aos céus por ele existir. Comparativamente, ele é sempre forte, original e, acima de tudo, prático. Ainda assim, sua qualidade não é a sabedoria, mas a prudência. A verdade do advogado não é a Verdade, mas a consistência ou uma conveniência consistente. A verdade está sempre em harmonia consigo mesma e sua preocupação principal não é revelar a justiça que pode consistir com injustiças. Ele bem merece ser chamado, como ele tem sido chamado, a saber, de *O Defensor da Constituição*. Não há realmente nenhum golpe a ser dado por ele, senão os defensivos. Ele não é um líder, mas um seguidor. Seus líderes são os homens de 1787[119]. "Nunca fiz um esforço", ele diz, "e nunca propus fazer um esforço, nunca aprovei um esforço e nunca consentirei com um esforço para perturbar o acordo originalmente feito, pelo qual os

---

118. Daniel Webster (1782-1852), político conservador dos EUA e duas vezes senador do Partido Whig por Massachusetts (1827-1841 e 1845-1850).
119. Os redatores da Constituição dos EUA.

diversos Estados formaram a União"[120]. Ainda pensando a respeito da outorga que a Constituição dá à escravidão, diz ele, "Já que é parte do pacto original... deixe-a ficar". Não obstante sua especial acuidade e capacidade, ele é incapaz de tomar um fato de suas relações meramente políticas e contemplá-lo conforme estejam dispostos ao intelecto – o que, por exemplo, deveria um homem fazer aqui na América atual ao que se refere à escravidão, senão aventurar-se ou ser conduzido a dar uma resposta tão desesperada como ao seguinte, pretendendo falar de forma absoluta e como um homem particular – a partir do que um código novo e singular dos direitos sociais pode ser inferido?

> *A forma*, diz ele, *que o governo desses estados onde existe escravidão devem regulamentá-la, é assunto deles, sob sua responsabilidade para com seus eleitores, com as leis gerais da justiça, humanidade, decoro e a Deus. As associações formadas em outros lugares, originadas por um sentimento de humanidade, ou qualquer outra causa, nada têm a ver com isso. Eles nunca receberam incentivos de minha parte e nunca receberão.*[121]

[44] Aqueles que não conhecem outra fonte mais pura de verdade, que não buscaram sua nascente, mas acima, apoiam-se sabiamente na Bíblia e na Constituição e delas bebem com reverência e humildade; mas os que buscam pelo ponto de gotejamento da verdade para este lago ou lagoa, arregaçam as mangas mais uma vez e continuam sua peregrinação em direção à fonte principal.

[45] A América não produziu nenhum homem com gênio para legislar. Eles são raros na história do mundo. Há oradores, políticos e homens eloquentes aos milhares, mas o orador capaz de resolver as difíceis questões atuais ainda não abriu sua boca para falar. Nós amamos a eloquência por si só e não pela verdade que possa proferir, ou qualquer heroísmo que possa inspirar. Nossos legisladores ainda não aprenderam o valor comparativo do livre comércio e da liberdade, da União e da retidão para uma

---

120. RIVES, John C. *Abridgment of the Debates of Congress, from 1789 to 1856. From Gales and Seatons' Annals of Congress; from their Register of debates; and from the official reported debates.* p. 297. Publicado em 1857. Disponível em: https://archive.org/details/cu31924092705221. Acesso em: 18 dez. 2015.

121. Discurso de Daniel Webster (1782-1852) no Senado dos EUA.

nação. Eles não têm gênio ou talento para perguntas comparativamente humildes sobre tributação, finanças, comércio, manufaturas e agricultura. Se fôssemos orientados exclusivamente pela eloquência prolixa dos legisladores do Congresso, sem que nosso caminho fosse corrigido pela experiência sazonal e as queixas efetivas do povo, a América não manteria seu posto entre as nações por muito tempo. O Novo Testamento, embora eu provavelmente não tenha o direito de dizer isso, foi escrito há 1800 anos e, ainda assim, onde está o legislador com sabedoria e talento prático suficiente para valer-se da luz que ele derrama sobre a ciência da legislação?

[46] A autoridade do governo, mesmo àquela que estou disposto a submeter-me – pois obedecerei alegremente àqueles que sabem e podem fazer melhor do que eu e, em muitas coisas, obedecerei até mesmo àqueles que não sabem nem podem fazer tão bem – é ainda impura: para ser estritamente justo, ela deve ter a sanção e o consentimento dos governados. O governo não tem qualquer direito puro sobre minha pessoa e meus bens, exceto aqueles que lhe concedo. O progresso de uma monarquia absoluta para uma limitada, de uma monarquia limitada para uma democracia é o progresso em direção ao verdadeiro respeito pelo indivíduo. Até mesmo o filósofo chinês[122] teve inteligência para perceber que o indivíduo era a base do Império. Será a democracia tal como a conhecemos a última melhoria possível no governo? Não seria possível dar um passo adiante no sentido de reconhecer e organizar os direitos do homem? Nunca haverá um Estado realmente livre e esclarecido até que o Estado reconheça o indivíduo como um poder maior e independente, do qual derivam todos os seus próprios poderes e autoridade, e o trate adequadamente. Entretenho-me com o pensamento de que finalmente um Estado possa dar-se ao luxo de ser justo com todos os homens e tratar o indivíduo com respeito como se fosse um vizinho; que não chegue a imaginar que é inconsistente à sua própria tranquilidade se alguns desejassem viver distante dele, não se misturar a ele nem ser abraçados por ele, mas cumprindo todos os deveres de vizinhos e companheiros. Um Estado que produzisse esse tipo de fruto e o deixasse ir embora assim que estivesse maduro, prepararia o caminho para um Estado ainda mais perfeito e glorioso, com o qual eu também tenho imaginado, mas que ainda não vi em nenhum canto.

---

122. Trata-se provavelmente de Confúcio.

REFERÊNCIAS BIBLIOGRÁFICAS

BICKMAN, Martin. *An Overview of American Transcendentalism*. Disponível em: http://vcu.edu/engweb/transcendentalism/ideas/definitionbickman.html. Acesso em: 18 dez. 2015.

BOBBIO, Norberto. *Teoria geral da política:* a filosofia política e as lições dos clássicos. 5. ed. Rio de Janeiro: Campus, 2000. p. 225.

BOLLER, Paul F. *American Transcendentalism, 1830-1860:* an intellectual inquiry. Nova York: Putnam, 1974.

BROWNLEE, Kimberley. *Civil disobedience*. The Stanford Encyclopedia of Philosophy. Winter 2013 Edition. Edward N. Zalta (ed.). Disponível em: http://plato.stanford.edu/archives/win2013/entries/civil-disobedience/.

BUELL, Lawrence (ed.). *Ralph Waldo Emerson*: A collection of critical essays. [S. l.]:Pearson, 1992.

BUZANELLO, José Carlos. *Direito de resistência constitucional*. Rio de Janeiro: América Jurídica, 2002. p. 113.

DICIONÁRIO HOUAISS da Língua Portuguesa. Rio de Janeiro: Objetiva, 2009.

EMERSON, Ralph Waldo. Politics. *In*: *Essays*: Second Series. [S. l.]: [s. n.], 1844.

FREDERICK, Michael J. "Transcendental ethos, a study of Thoreau's Social Philosophy and its consistency in relation to Antebellum Reform. Tese de MA, Harvard University, 1988. Disponível em: http://thoreau.eserver.org/mjf/MJF1.html#3. Acesso em: 27 out. 2015.

FROTHINGHAM, Octavius Brooks. *Transcendentalism in New England:* a history. Nova York: G. P. Putnam's Brothers, 1897. Disponível em: https://archive.org/details/transcendentalis00frot. Acesso em: 18 dez. 2015.

HARDING, Walter. *The Days of Henry Thoreau.* Nova York: Dover Publications, 2013.

LYND, Alice (ed.). *We won't go.* Boston: Beacon, 1968.

MEYER, Michael. *Several more lives to live:* Thoreau's political reputation in America.

MYERSON, Joel (ed.). *The Cambridge Companion to Henry David Thoreau.* Santa Barbara, CA: Praeger Publishing, 1977.

_____. *Transcendentalism, a reader.* Nova York: Oxford University Press, 2000.

NEWMAN, Lance. *Our common dwelling:* Henry Thoreau, transcendentalism, and the class politics of nature. Nova York: Palgrave Macmillan US, 2005.

PORTE, Joel; MORRIS, Saundra (Eds.). *Emerson's Prose and Poetry.* Nova York: W.W. Norton & Company, 2001.

RICHARDSON, Robert D. Jr. *Emerson*: the mind on fire. Berkeley, CA: University of California Press, 1995.

_____. *Thoreau:* a life of the mind. Berkeley, CA: University of California Press, 2015.

RIVES, John C. *Abridgment of the Debates of Congress, from 1789 to 1856.* From Gales and Seatons' Annals of Congress; from their Register of debates; and from the official reported debates. p. 297. Publicado em 1857. Disponível em: https://archive.org/details/cu31924092705221. Acesso em: 18 dez. 2015.

ROSENWALD, Lawrence A. The theory, practice, and influence of Thoreau's civil disobedience. *In*: CAIM, William E. *A historical guide to Henry David Thoreau*, [2000].

RUSSEL, Bertrand. Civil disobedience and the threat of nuclear warfare. *In*: Clara Urquhart (ed.). *A matter of life.* Londres: Jonathan Cape, 1963. p. 189-96. Reimpresso em H. A. Bedau (ed.). Civil disobedience: theory and practice. Nova York: Pegasus, 1969. p. 153-9.

SATTLEMEYER, Robert. Thoreau and Emerson. *In*: *The Cambridge Companion to Henry David Thoreau.* Cambridge: Cambridge University Press, 1995.

SCHLEISINGER, Arthur M. *The American as reformer.* Cambridge, MA: Harvard University Press, 1950.

THOREAU, Henry David. *A plea for captain John Brown.* [S. l.]: [s. n.], 1859.

_____. *Walden.* J. Lyndon Shanley (ed.). Princeton: Princeton University Press, 1971.

TORREY, B.; ALLEN, F. (Eds.) F. Allen. *The Journal of Henry D. Thoreau.* 14 v. Nova York: Dover, 1962. Publicado originalmente em 1906.

WASSERSTROM, Richard A.; BEDAU, Hugo A.; BROWN, Stuart M. Jr. Symposium: Political obligation and civil disobedience. *Journal of Philosophy*, 58 (1961), 641-65, 669-81.

WOODLIEF, Ann. *The web of American Transcendentalism*. Disponível em: http://vcu.edu/engweb/transcendentalism/. Acesso em: 18 dez. 2015.

Este livro foi impresso pela Gráfica Grafilar
em fonte Adobe Garamond Pro sobre papel Pólen Bold 90 g/m²
para a Edipro no inverno de 2022.